High-Impact Tools for Teams

5 Tools to Align Team Members, Build Trust, and Get Results Fast

团队对齐画布

团队协作与项目成功的工具

[瑞士]
斯特凡诺·马斯特罗贾科莫
（Stefano Mastrogiacomo）
亚历山大·奥斯特瓦德
（Alexander Osterwalder）

著

王 亮 徐汉群 译

机械工业出版社
CHINA MACHINE PRESS

Stefano Mastrogiacomo and Alexander Osterwalder. High-Impact Tools for Teams: 5 Tools to Align Team Members, Build Trust, and Get Results Fast.
ISBN 978-1-119-60238-5

图书在版编目（CIP）数据

团队对齐画布：团队协作与项目成功的工具 /（瑞士）斯特凡诺·马斯特罗贾科莫（Stefano Mastrogiacomo），（瑞士）亚历山大·奥斯特瓦德（Alexander Osterwalder）著；王亮，徐汉群译 . —北京：机械工业出版社，2023.10
（商业画布）
书名原文：High-Impact Tools for Teams: 5 Tools to Align Team Members, Build Trust, and Get Results Fast
ISBN 978-7-111-74116-9

I . ①团… Ⅱ . ①斯… ②亚… ③王… ④徐… Ⅲ . ①团队管理 Ⅳ . ① C936

中国国家版本馆 CIP 数据核字（2023）第 201590 号

机械工业出版社（北京市百万庄大街 22 号　邮政编码 100037）
策划编辑：华　蕾　　　　　责任编辑：华　蕾　王　芹
责任校对：梁　园　陈　越　　责任印制：常天培
北京宝隆世纪印刷有限公司印刷
2024 年 1 月第 1 版第 1 次印刷
240mm × 186mm · 20 印张 · 397 千字
标准书号：ISBN 978-7-111-74116-9
定价：109.00 元

电话服务　　　　　　　　　　　网络服务
客服电话：010-88361066　　　机 工 官 网：www.cmpbook.com
　　　　　010-88379833　　　机 工 官 博：weibo.com/cmp1952
　　　　　010-68326294　　　金 书 网：www.golden-book.com
封底无防伪标均为盗版　　　机工教育服务网：www.cmpedu.com

现在，你的手中握有一组强大的工具，可以塑造团队一致性，建立相互信任和快速达成结果。应用这五种工具，重新发现团队协作的快乐……

团队对齐画布：团队协作与项目成功的工具

斯特凡诺·马斯特罗贾科莫（Stefano Mastrogiacomo）
亚历山大·奥斯特瓦德（Alexander Osterwalder）
著

阿兰·史密斯（Alan Smith）
崔西·帕帕达克斯（Trish Papadakos）
设计

"管理的对象是人。管理的任务是让人们能够共同做出成绩。"

彼得·德鲁克，管理思想家

内容精要
什么导致团队运转低效，以及
如何让团队取得更佳成果

第1章

展开团队对齐画布
定义和使用方法

第2章

将画布用于实际行动

如何使用团队对齐画布

第3章

在团队成员间建立信任

建立高度信任的团队氛围和提升
心理安全感的四个附加组件

第4章

深入学习

探索本书和工具背后的科
学原理

前　言

艾米·埃德蒙森
（Amy Edmondson）

如果你正在或即将领导一个团队，那么你一定要把本书置于手边。当今的大多数领导者都认识到，为了加速创新和数字化转型，响应不断变化的客户需求，以及应对突如其来的颠覆性事件，诸如全球疫情、社会动荡和经济衰退等，他们的组织将极度依赖团队。

但仅仅组建起一个团队并不能确保其成功。团队常常走向失败。启动伊始，团队有着一个意义重大的目标，也有达成目标所需的适当人才，甚至有着充裕的资源，然而，一次又一次，团队常常为如何发挥出他们毋庸置疑的潜能而挣扎。他们被协调失灵的无效会议、没有产出的冲突和恶劣的团队氛围所羁绊，进而情绪沮丧、工作延误并做出糟糕的决策。研究人员将这些因素称作"过程损耗"，用来解释投入（技能、目标和资源）与产出（团队绩效或团队成员的满意度）之间的差距。即使好像已经完成任务，团队的绩效也可能并非最佳——仅仅循规蹈矩而非创新，或付出员工过劳、紧张和敬业度下降的昂贵代价。

事情并非必然如此。

斯特凡诺·马斯特罗贾科莫和亚历山大·奥斯特瓦德向我们展示出一套方法，通过简单有效的方式，团队就能欣欣向荣。他们提供了一本任何团队都可以立即上手的实用手册，让团队走上正轨，走上全员参与、冲突富有成效和团队稳步发展的道路。借助书中有趣的插图、好用的工具和缜密的活动流程，团队可以避免可预期的种种团队问题（或从中恢复），本书是极宝贵的资源。长期以来，我一直相信，通过简单的工具就能将团队引向正确的方向，从而使协同变得触手可及。而本书中这类工具和指南琳琅满目，能够服务于任何团队活动。

然而，本书最出色的部分是它对团队流程和心理安全的强调。大多数作者只会就其中之一提供帮助——针对管理团队项目提供步骤详尽的指南，或者解释心理安全如何助益团队的学习和创新。本书针对上述两个方面都提供了简单的工具。当糟糕的氛围使人们在团队中发言阻碍重重时，就会危及创新，问题将日益恶化，有时会演变成重大失误。但对于团队领导者，特别是处于成果交付压力之下的团队领导者，创建心理安全是个难以企及的目标。通过引用我以及多位学者的研究成果（这些成果构筑了这本书的基石），斯特凡诺和亚历山大揭开了健康团队文化的神秘面纱，并带领我们了解创建这种文化的整个过程。仅因这一点，我就对本书的出版感到相当兴奋。它为创建能在21世纪蓬勃发展的团队（每位成员都将其能量与所长投入其中）注入了新能量和新的工具。

团队工作总是充满挑战，但是领导者现在可以获取实用且易用的工具来帮助团队有效工作。满怀激情地采用这些方法的领导者将会为组建组织和员工都期待的团队做好准备。

艾米·埃德蒙森
于马萨诸塞州剑桥市哈佛商学院

七位杰出的思想家
为本书提供了灵感

赫伯特·克拉克

赫伯特·克拉克（Herbert Clark）是一位心理语言学家，在斯坦福大学任心理学教授。本书构建在他有关人类协作中语言使用方面的著作之上。受到他有关共有理解和协作中共同行动的研究成果启发，本书作者设计了**团队对齐画布**。

反对

遵循

阿兰·佩奇·菲斯克

阿兰·佩奇·菲斯克（Alan Page Fiske）是加利福尼亚大学洛杉矶分校的心理人类学教授。他关于人类关系的本质和跨文化差异的著作，颠覆了我们关于"社会"意味着什么的认知，激发我们设计出**团队契约**。

伊夫·皮尼厄

伊夫·皮尼厄（Yves Pigneur）是瑞士洛桑大学的管理和信息系统教授。他在设计思维和工具设计方面的工作，帮助我们跨越了理论与实践的鸿沟。没有他在概念层面的支持和指导，本书和书中的工具根本不会存在。

艾米·埃德蒙森

艾米·埃德蒙森是哈佛商学院的领导力和管理学教授。书中整合的四个附加组件深受她有关团队中的信任，特别是有关团队成员间心理安全的研究的影响。她的研究为我们理解信任在跨职能团队合作和创新上的作用提供了深刻的洞见。

史蒂芬·平克

史蒂芬·平克（Steven Pinker）是哈佛大学的心理学教授。他的研究主要在心理语言学和社会关系上，**尊重卡片**的设计就得益于他关于间接语言的使用和合作关系中礼貌请求的研究。他近期有关共同知识的著作塑造了我们未来的发展。

弗朗索瓦丝·库里斯基

弗朗索瓦丝·库里斯基（Françoise Kourilsky）是一位心理学家和专注于变革管理的教练。她与心智研究所（the Mental Research Institute，位于加利福尼亚州帕洛阿尔托）的保罗·瓦茨拉维克（Paul Watzlawick）直接合作，在组织的变革管理中开创性地引入系统学和短程心理治疗技术。我们的**事实探究**要归功于她，这是对她的"语言罗盘"的一个新阐释。

马歇尔·卢森堡

马歇尔·卢森堡（Marshall Rosenberg）是一位心理学家、调停者和作家。他创立了非暴力沟通中心并作为调停者在世界各地工作。他关于化解冲突和同理心沟通的著作激发我们设计了**非暴力请求指南**。

Strategyzer
系列[⊖]

我们相信简单、实用、可视化的工具能够
提升个人、团队和组织的效能。当新的商
业创意折戟沉沙，现有业务受到颠覆式技
术的不断威胁而濒于淘汰时，由于缺少对
基本业务问题的明晰和对齐，企业每年损
失的时间和金钱难以计数。Strategyzer
系列中的每一本书都包含整套工具与流
程，可以针对性地解决特定问题与挑战。
这些挑战彼此交织，我们周密而严谨地设
计了相关工具，这些工具既可以单独使
用，也可以相互整合，创建出全球最为综
合的战略和创新工具箱。无论你是仅取其
一还是全盘使用，都能取得成果。

strategyzer.com/books

《商业模式新生代》

一本为愿景创造者、游戏颠覆
者和挑战者打造的实用手册，
帮助他们挑战过时的商业模式
并设计未来的企业。《商业模
式新生代》助你适应严酷的新
现实，领先于你的竞争对手。

《价值主张设计》

解决每个业务的核心挑战——
创造消费者乐于购买的、有吸
引力的产品和服务。探索一个
可重复应用的流程，并找到适
当的工具以创造可供销售的
产品。

⊖　本系列5本书的中文版均由机械工业出版社出版。

《测试商业创意》

探索一个拥有44种试验方法的方法库，用来系统地测试你的商业创意。将商业模式画布和价值主张画布与预设地图，以及其他有效的精益创业工具有机地结合在一起。

《坚不可摧的公司》

通过实时地对现有业务组合进行管理并探索潜在的新增长引擎梯队，你的公司将变得坚不可摧。探索包含商业模式组合地图、创新指标、文化地图和商业模式样式库等实用和基础性的工具。

《团队对齐画布》

5种强大的团队工作和变革管理工具，用于成功实施新商业模式。借助团队对齐画布、团队契约、事实探究、尊重卡片和非暴力请求指南，每一个创新项目都能成功。

内容精要

什么导致团队运转
低效，以及如何让
团队取得更佳成果

"谈话是领导力的核心技术。"

珍妮·丽迪卡（Jeanne Liedtka），
战略学家

我们的员工是一流的。

那么，我们怎么会遇到这些问题呢？

你上一次乐于为团队做贡献是什么时候?

370亿美元

是美国企业为非必要的会议所支付的薪资成本。

Atlassian公司⊖

50%

的会议没有产出并且浪费时间。

Atlassian公司⊖

29%

的项目是成功的。

《混沌报告》
斯坦迪什集团（The Standish Group），
2019年

75%

的跨职能团队有协作障碍。

贝南·塔布里兹（Behnam Tabrizi），
"75%的跨职能团队有协作障碍"

《哈佛商业评论》，2015年

⊖ "你在工作中浪费了大量的时间"，Atlassian公司，www.atlassian.com/time-wasting-at-work-infographic

10%

的团队成员对于谁
是团队一员达成一致
（基于120个团队的
调研发现）。

*黛安娜·库图（Diane Coutu），"为
什么团队不起作用"
《哈佛商业评论》，2009年*

95%

的员工不了解或者不理
解公司的战略。

*罗伯特·卡普兰（Robert Kaplan）和戴
维·诺顿（David Norton），"战略管理
办公室"
《哈佛商业评论》，2005年*

66%

的美国员工处于怠工状
态或者上班摸鱼。

*吉姆·哈特（Jim Harte），盖洛普，
2018年*⊖

1/3

具有增值的合作来自仅
有的3%~5%的员工。

*罗布·克罗斯（Rob Cross）、雷布·雷贝
尔（Reb Rebele）和亚当·格兰特（Adam
Grant），"协作过载"
《哈佛商业评论》，2016年*

⊖ "在美国，员工的敬业度正在提升"，盖洛普，news.gallup.com/poll/241649/employee-engagement-rise.aspx

什么导致团队运转低效

当团队氛围糟糕（不安全）以及团队活动一致性很差时，团队成员只是聚集在一起而没有凝聚在一起工作，这样会导致团队运转低效。

一群人聚集在一起工作是一个让人累心耗神的过程。在糟糕的团队氛围下，没完没了的会议和暴增的预算换来的常常是糟糕的结果，在这样的团队中，绝大多数成员压力山大、感到孤独无助、心情郁闷。即使不看前面调研所展示的夸张结果，这也是很多团队成员每天实实在在的工作状况。

比起仅仅是聚集在一起，我们有能力做得更多。我们可以真正凝聚在一起协同工作。当凝聚在一起时，我们可以满怀激情地完成几乎不可能完成的任务。也许不一定意识到，但在那一时刻，我们会感受到自己正身处一个"高绩效团队"。因为事情会慢慢变好，回想起来，人们会感到很兴奋。

与大家一样，我们也体验过两种类型的团队，本书囊括了作者过去20多年的学习经验。我们一个关键的学习体悟是：团队的成功或者失败与我们如何管理日常的团队互动紧密相关。这样的互动包括两个维度：

- 团队活动：极度关注共有理解的清晰性——任务是什么、谁正在做什么，对每个人来说，这些是不是都清晰？
- 团队氛围：精心培养以信任为基础的紧密关系。

我们对团队有信仰，对工具方法也有信仰。因此，我们用5年时间设计、整合并改进这些工具，用它们来帮助团队成员：

1. 通过加强团队一致性，提升团队活动的质量。
2. 通过建立更具心理安全感的工作环境，改善团队氛围。

只有团队才能应对互联世界带来的复杂挑战。我们当前正经历着巨变：颠覆式技术的发展以及史无前例的贸易保护正在颠覆所有行业。组织被迫以前所未有的速度进行创新和交付成果，而团队是这一切的基础。重新思考和定义人们如何在一起工作的需求从未如此迫切。

极具远见的彼得·德鲁克多年前说过：最核心的问题不是"我如何才能成功？"，而是"我能贡献什么？"。我们对此无比认同。像帮助我们一样，我们期待团队对齐画布和本书中的其他工具可以帮到你，让你在一天天中成为更好的团队贡献者。

共同任务

不安全的团队氛围
糟糕团队氛围的种种迹象

- 团队成员之间和各团队间缺乏信任
- 团队内部相互竞争
- 不愿投入
- 缺少认可
- 恐惧：不敢直言
- 过度协同
- 失去一起工作的快乐

未对齐的团队活动
团队活动不一致的种种迹象

- 不清楚谁做什么
- 在开不完的会议中浪费大量宝贵的时间
- 工作进展缓慢
- 任务优先级不断调整，并且没人明白调整的原因
- 重复的项目和相互重叠的项目
- 团队成员单打独斗
- 大量工作虽已完成，但结果糟糕且几乎没什么作用

在未对齐的团队里，工作进展受阻

具体来说，对齐是指通过沟通来创造共同图景、共同知识以及共享或共有理解（在这本书中这三者代表相同的内涵——参见"深入学习"一章，p.252）。共同图景让团队成员可以预测他人的行动，并根据一致的预测采取相应的行动。团队的共同图景越丰富，团队成员对彼此行动的预测就越准确，整体的执行过程也就越高效，这要归功于一个无缝对接的部门和将个人工作进行一致性整合的系统。有趣的是，对话——人与人面对面的交流，仍然是当前建立相关的共同图景最有效的方法。

如何对齐团队

成功的对齐

从举办一场宴会到建造一架飞机，团队所取得的任何成果都是团队对齐的副产品。对齐就是把个人的贡献汇集到团队，实现为共同利益而制定的共同目标的过程。它把个体工作者转换为成功的团队贡献者。在团队中工作要比独自工作付出更多的努力；团队成员除了做好自己的工作，还必须时时与其他人保持同步。当然，这么做的回报就是收获比单打独斗更多、更好的成果。

协同带来互惠共赢

失败的对齐

没有对齐的团队只能得到糟糕的结果。不良的沟通严重阻碍了与工作相关的共同图景的创建；有关人员不能相互理解，错误地预判了他人的行动。这导致团队中的每个成员在完成任务时都带着严重的认知偏差。工作分工和整合脱离正轨，缺少有效协同而且费时费力。团队也无法实现预期的良好结果。

改编自：Herbert H. Clark, Using Language *(Cambridge University Press, 1996).* *Simon Garrod and Martin J. Pickering, "Joint Action, Interactive Alignment, and Dialogue," Topics in Cognitive Science 1, no. 2 (2009): 292 - 304.*

成功的沟通
团队成员公开交换相关信息。

共同图景相关度高
团队成员之间达成共有理解；他们就需要完成什么以及路径、方法达成一致。

高效协同
团队成员之间能对彼此的行为做出成功的预测，协同一致，个体贡献可以顺利地整合到团队中。

共同利益

沟通
团队成员用语言和非语言、同步或者异步的形式共享相关信息。

共同图景
团队成员了解他们拥有相同的知识，同时了解这些被称作共同知识或者共有知识。

协同
团队成员需要一起和谐地工作。

产出（成果）

失败的沟通
团队成员不交换相关信息。

共同图景相关度低或者为零
当团队成员各自完成自己的工作时，就会产生认知差距。

协同中出现意外
个体贡献无法整合到一起。因为团队成员无法协同一致，所以会不断产生各种意外情况。

共同损失

不安全的团队氛围
会削弱创新

我感觉不安全：我不想被别人看作无知、无能、有攻击性或者消极被动的人。对我来说，最好的策略是不冒风险。

我保持沉默，不分享关键信息。

改编自：Amy Edmondson, "Psychological Safety and Learning Behavior in Work Teams," *Administrative Science Quarterly* 44, no. 2 (1999): 350–383.

没有心理安全感的团队氛围

当团队氛围没有心理安全感的时候，团队成员会保持沉默，以保护自己远离窘境和其他可能的威胁。团队无法展现集体学习行为，其结果就是团队绩效低下。

+

没有学习行为

缺失共同图景
团队的共同图景（或者共同知识）无法得到更新。团队成员之间的认知差距不断扩大，团队依赖过时的信息。

↓

团队学习不足
尽管环境已经发生变化，但是团队还是重复过往习惯和自动行为。

↓

团队绩效低下
原有的假设未被修正，计划未被更正。所做的工作没能与现实的情况保持同步，交付的成果价值变低。

↓

维持现状或者越来越糟

我相信没人会利用我的失误来对付我。我尊重团队，也感受到自己被团队尊重。

我大胆直言，分享关键信息。

充满心理安全感的团队氛围

当团队氛围充满心理安全感的时候，团队成员会大胆直言。团队成员积极投入到有效的对话中，这种对话又促进了主动学习行为的发生，而这种学习是团队成员理解外界环境和客户，以及一起高效地解决问题所必需的。

+

学习行为

收集反馈

分享信息

寻求帮助

谈论失败

主动试验

共同图景清晰
随着新信息的不断吸收，团队的共同图景（或者共同知识）得以经常更新。

团队学习充分
新信息帮助团队学习和调整。学习行为帮助团队调整假设和计划。

团队绩效卓越
开放的沟通帮助团队高效协同。为适应环境中的变化，团队不断地整合学到的东西并调整行动，最终在相关工作中取得成果。

解决复杂问题

那个新来的家伙会解决我们所有的问题。

团队一致性和心理安全
如何影响团队影响力

对于在伪团队中孤立无援的人才，当今的挑战实在是太难了。解决复杂的问题需要真正的团队合作，建立清晰的团队一致性和充满心理安全的氛围是一切的起点。

面对任务时努力不足

实现目标的能力低下

× 未对齐的行动
× 不安全的氛围

面对任务时努力不足

实现目标的能力高强

× 未对齐的行动
√ 安全的氛围

面对任务时很努力

有一定实现目标的能力

√ 对齐的行动
× 不安全的氛围

面对任务时尽最大努力

实现目标的最大能力

√ 对齐的行动
√ 安全的氛围

影响力

基于团队对齐画布的解决方案

借助团队对齐画布（Team Alignment Map，简称TAM）以及相关的四个附加组件，可以提升团队一致性和增进相互信任。这些工具简单、实用且易于落地。

使用TAM的规划模式，明确和对齐每个团队成员的贡献。简单的两步骤流程（我们将其命名为前进路径和回溯路径）用来引导规划过程和帮助降低风险。

你也可以使用TAM的评估模式，快速地评估团队和项目。评估模式使用的是同一个画布，通过在画布上增加4级的程度评估，团队可以对其投票，进而思考并采取行动。

提高团队行动质量 ●●●●●
改善团队氛围 ●●

提高团队行动质量

使用团队对齐画布，来对齐团队行动

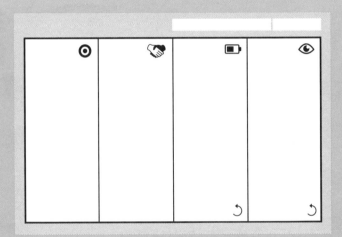

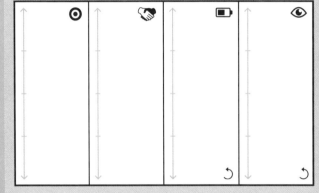

TAM——规划模式

使用团队对齐画布，对齐团队任务、要达成的目标、人员分工和工作方式。用可视化形式减少团队成员的恐惧和风险，增加成功的机会。使用TAM作为一个共同规划的工具，从启动伊始就邀请团队成员参与进来，构建更高水平的认同和承诺。（参见p.72）

TAM——评估模式

不要让协作的盲点妨碍你的项目。通过采用一种中立、可视化的方式，TAM可以快速呈现未被看见的东西。创造进行真诚、高效对话的机会和集体"啊哈"的时刻，不让直言不讳的人蒙羞，并强化团队学习的行为。（参见p.90）

信任和心理安全的四个附加组件

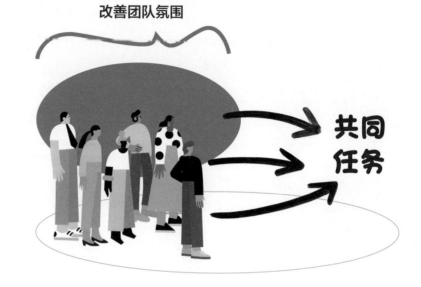

改善团队氛围

共同任务

利用四个附加组件：

- 定义团队规则（团队契约）

- 问出好的问题（事实探究）

- 表达对他人的重视（尊重卡片）

- 建设性地管理冲突（非暴力请求指南）

团队对齐画布和团队契约是共创工具。事实探究、尊重卡片和非暴力请求指南是行为工具。它们也可以单独使用以改善团队成员间每天的互动质量。

提高团队行动质量 ●●●●
改善团队氛围 ●●●●●

使用四个附加组件建立更安全的团队氛围

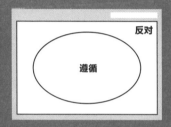

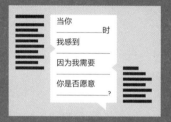

团队契约

使用团队契约定义团队规则。团队契约解决了一个团队的行为、价值观、决策制定和沟通方式等问题，并框定了对失败的期望。它可以创造一个透明和公平的环境，促进团队的学习行为并提升和谐度。（参见p.184）

事实探究

事实探究提出了强有力的问题，将无效的假设、判断、限制和以偏概全转化为可观察到的事实和经验。借助它，你可以像一个专家一样去探究——当你感到困惑的时候，在讨论中重新获得清晰度。展示出你对他人讲话的真诚兴趣，建立更深厚的信任。（参见p.204）

尊重卡片

尊重卡片提供有用的提示，通过①重视他人，②展现尊重，来表达对他人的关注。从任务的视角看，这样可能会降低对话效率，但是可以极大地增强团队的安全氛围。（参见p.220）

非暴力请求指南

防止因为情绪爆发使事情变得更加糟糕：使用非暴力请求指南更具建设性地管理冲突。通过选择措辞，合理地表达负面感受。用一种非攻击性的行为帮助他人理解何处出现问题以及需要在什么地方进行改变，来保持团队的安全氛围。（参见p.236）

应对共同挑战：
团队对齐画布的应用

会议中

- 聚焦团队，p.120
- 激发团队成员全情投入，p.122
- 扩大会议影响，p.124
- 做出知情的决定，p.126

项目中

- 启动项目时有个好的开端，p.138
- 持续保持对齐，p.140
- 监控项目进展，p.144
- 降低风险（同时享受乐趣），p.148
- 对齐分布式团队，p.150

组织中

从哪里读起

组织中的领导者

你可以从内容精要（p.1）读起，学习在组织中打破壁垒消除孤岛现象（p.154）。通过进一步理解事实探究（p.204），引领团队，让更好的对话发生。

企业家

你可以从内容精要（p.1）开始，学习如何使用TAM降低项目风险和减少执行中的问题，将项目保持在正轨上（p.132），也可以通过签订团队契约（p.184）为团队引入一些规则。

团队教练

你应确保自己了解有关成功对齐团队所需要的所有内容（p.10~p.71），同时掌握我们是否还在正轨上？（p.90），第3章（p.190）中所有关于附加组件的内容也会对你有所帮助。

项目经理

你需要完全理解内容精要（p.1）的内容，学习如何使用TAM，将项目保持在正轨上（p.132）。你可以使用团队契约（p.184）在团队中引入规则。

团队成员

你可以快速浏览内容精要（p.1）的内容。接下来，你可以学习召开行动导向的会议（p.118），以及使用事实探究（p.204）进行更好的对话。

教育工作者

你必须首先理解内容精要（p.1）。接下来，你需要学习为成功的团队工作进行对齐（规划模式）（p.72）和帮助团队回顾：我们是否还在正轨上？（p.90）

展开团队对齐画布

定义和使用方法

"在一起工作这件事情本身也需要做些工作。"

赫伯特·克拉克，心理语言学家

概览

理解画布整体布局和每一栏的
内容，进行规划并降低风险，
评估项目和团队

1.1
启动：团队对齐画布的四根支柱

如何描述共同目标、共同承诺、共同资源和共同风险。

1.2
利用团队对齐画布进行规划，明确分工（规划模式）

从前进路径开始制订计划，之后使用回溯路径降低风险。

1.3
确保成员跟上团队节奏（评估模式）

使用团队对齐画布评估团队的准备度或解决持续存在的问题。

1.1
启动：
团队对齐画布的
四根支柱

如何描述共同目标、共同承诺、共同资源和共同
风险。

画布界面

画布界面分成两部分：表头区域界定协作的范围，内容区域利用四根支柱引导会议或项目。每根支柱代表着一个在任何成功的协作中都至关重要的因素。

共同目标

p. 40

具体来说，我们准备一起实现什么？

共同承诺

p. 48

谁将要做什么？和谁一起？

共同资源

p. 56

我们需要什么资源？

共同风险

p. 64

什么会阻碍我们获得成功？

深入学习
了解关于团队对齐画布背后更深层的理论内容，参见p.258：共有理解和共同图景（心理语言学）。

表头区域
提供背景信息和重点。

任务
通过阐释会议或者项目的意图,为任务赋予意义和提供背景信息(p.38~39)。

期限
以天或月等为单位,设定一个具体的时间范围,或者交付的截止日期(p.38~39)。

团队对齐画布

任务:　　　　　　　　　　　　　　期限:

共同目标 ◎	共同承诺 🤝	共同资源 🔋	共同风险 👁
具体来说,我们准备一起实现什么?	谁将要做什么? 和谁一起?	我们需要什么资源?	什么会阻碍我们获得成功?

⊕Strategyzer

内容区域
工作的空间。

回溯路径标识
可视化的提醒标识,标出一个团队必须应对的风险(回溯路径,p.78~79)。

任务和期限

任务是任何协作的起点，是任务将所有人联结在一起。它帮助每个人理解什么是重要的，并提供全心投入的原因：

- 它很有吸引力，或
- 每个人都感觉它与自己相关，或
- 它是每个人肩负责任的一部分

当任务不清晰时，参与者会不断地问自己"为什么我要参与其中？"。这时，人们对任务的关注度和参与度都会降低，人们不断地从一个话题跳到另一个，沟通变得支离破碎。这些让人们感到困惑和百无聊赖。

期限为团队框定了一个时间范围。期限是关键：它可以消除一些与目标无关的顾虑，并让每个人都沉浸到具体行动中。

表头区域帮助参与者简明清晰地理解他们为什么在团队里工作，以及引发他们倾听和参与的兴趣。

+

描述有意义的任务

以参与者的视角对任务进行积极正向的描述，这样做可以使团队有更多的认同和动力。在进行任务描述的时候，请尽量遵循下面的标准：有挑战性、大胆、独特、非同寻常或有趣。

举例
- 正面示例：增强我们的盈利能力并保障我们未来3年的薪酬水平。【目的+收益】
- 反面示例：缩减30%的成本。

艾米·埃德蒙森提到，对于要完成的任务，人们必须要达成一致并且为团队任务感到自豪。这样才能激励他们在通向成功的道路上付出个人努力，克服人际关系和技术上的障碍。（Edmondson and Harvey, 2017; Deci and Ryan, 1985; Locke and Latham, 1990）。

搜索关键词：任务陈述；为项目命名。

+

"认同核查"

对一个任务来说，最理想的是采用如下表述：

在完成任务（M）的期间，每个参与者都可以为他的个人贡献（X）赋予意义：

"我正在做X，是因为我的团队要完成M，其中需要我的贡献X，这对我来说很有意义。"

任务：

挑战是什么？

我们想要创造或者改善的是什么？

期限：

多长时间？

什么时间截止？

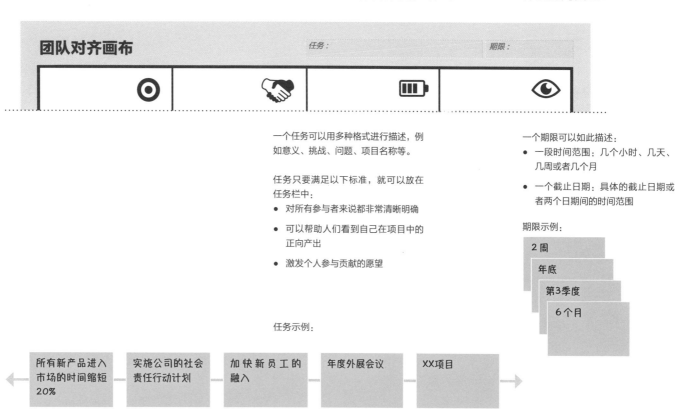

一个任务可以用多种格式进行描述，例如意义、挑战、问题、项目名称等。

任务只要满足以下标准，就可以放在任务栏中：

- 对所有参与者来说都非常清晰明确

- 可以帮助人们看到自己在项目中的正向产出

- 激发个人参与贡献的愿望

一个期限可以如此描述：

- 一段时间范围：几个小时、几天、几周或者几个月

- 一个截止日期：具体的截止日期或者两个日期间的时间范围

期限示例：

2 周

年底

第3季度

6个月

任务示例：

| 所有新产品进入市场的时间缩短20% | 实施公司的社会责任行动计划 | 加快新员工的融入 | 年度外展会议 | XX项目 |

更清晰明确

更抽象

共同目标

具体来说，我们准备一起
实现什么？

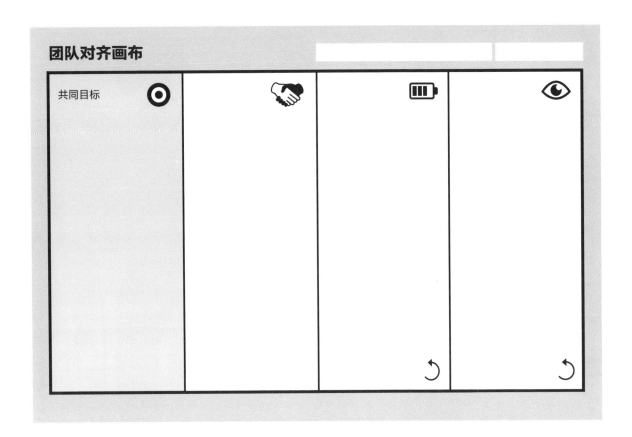

团队对齐画布

共同目标

有谁知道我们应该做些什么吗?

什么是共同目标？

清晰的共同目标会对齐参与者关于需要做什么的意图，
可以表现为如下形式：

- 目的（需要达成的意图）
- 目标（可衡量的目的）
- 活动（需要完成的事情）
- 行动（活动的一部分）
- 任务（行动的一部分）
- 工作包（分配给一个人的工作）
- 成果（活动带来的结果）
- 可交付物（成果的同义词）
- 产出（成果的同义词）
- 产品、服务（成果的同义词）

TAM是一个半结构化的工具。这里的关键是就可行动的
工作达成一致，但这并非一成不变，团队可以对其进行调
整。一个典型的TAM包含3～10个共同目标。如果共同
目标超过10个，要问问团队，是不是对任务定义得太过
宽泛或者模糊。你可能把好几个项目放在一起了，如果遇
到这种情况，尝试把项目分拆到几个TAM中。

设定共同目标可以促进团队
将任务分解为可行动的工作
单元。

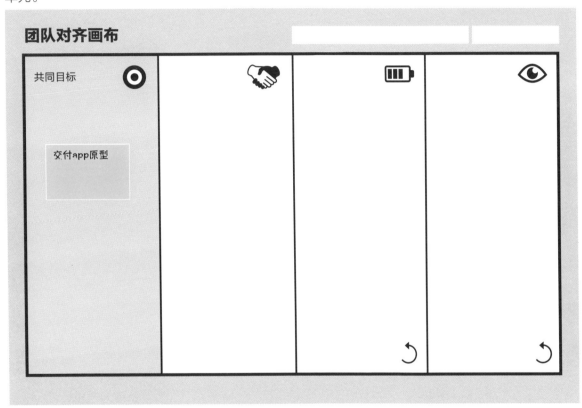

团队对齐画布

共同目标

交付app原型

询问:

- **具体来说,我们一起准备实现
什么?**
- 我们必须做什么?
- 我们需要交付什么?
- 我们必须完成什么工作?

示例:

| 制订一个
计划 | 聘用一名
顾问 | 修订合同 | 谈判租赁
事宜 | 处理产品
积压 |
| 粉刷室内
墙壁 | 授予访问
权限 | 安装电线 | 规范入职
流程 | |

共同目标的示例

描述共同目标的细致程度可高可低。要在清晰度和速度
间取得平衡。

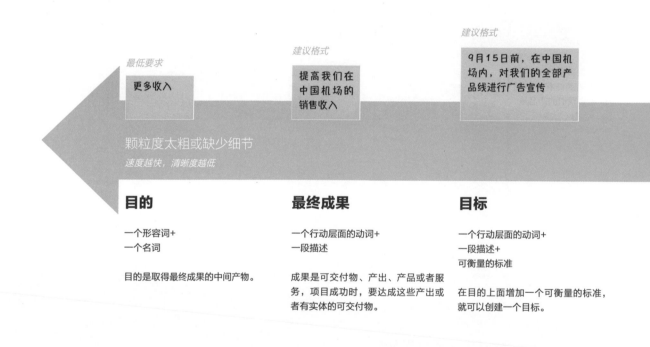

建议格式

9月15日前，在中国机
场内，对我们的全部产
品线进行广告宣传

建议格式

提高我们在
中国机场的
销售收入

最低要求

更多收入

颗粒度太粗或缺少细节
速度越快，清晰度越低

目的

一个形容词+
一个名词

目的是取得最终成果的中间产物。

最终成果

一个行动层面的动词+
一段描述

*成果是可交付物、产出、产品或者服
务，项目成功时，要达成这些产出或
者有实体的可交付物。*

目标

一个行动层面的动词+
一段描述+
可衡量的标准

*在目的上面增加一个可衡量的标准，
就可以创建一个目标。*

作为一个市场开发人员，我需要广告预算，这样我就能在中国机场中推广我们的产品线

提升在中国的市场份额

在今年财年结束前，将所有产品线在中国机场的市场份额提升20%

颗粒度较细或充满细节

速度越慢，清晰度越高

用户故事

作为一个<角色>，
我想要<目标>，
这样才能<原因>。

用户故事是一种在敏捷软件开发中用来描述用户需求的技巧。这一方法目前广泛地被其他行业所借用，用来从用户的视角来描述目标。

搜索关键词：用户故事

目标和关键成果
（OKR）

目标+关键成果

OKR是一套描述共同目标的系统，这套系统最初由当年时任英特尔CEO的安迪·格鲁夫开发出来。后来这套方法被谷歌采用并流行起来。为了写出一个OKR，你需要为每一个目标确定详细的可衡量成果。

搜索关键词：OKR

SMART目标

SMART目标的标准是具体、可衡量、可实现、现实和有时间限制的。在应用"目标管理"这一概念时，人们常常使用这种方式描述目标，这一广为人知的概念在20世纪50年代由彼得·德鲁克提出。

在目标不会经常变化的情况下，这种方式非常好用。

搜索关键词：SMART目标

+

总是从澄清共同目标开始你的TAM旅程

如果共同目标不清晰，就没有办法以团队的方式开展和组织工作。这是托马斯·谢林（Thomas Schelling，博弈论先驱和诺贝尔奖获得者）的洞见："人们的共同行动是从共同目标推导出来的，两个人意识到他们有共同的目标，认识到他们的行动是相互依赖的，之后才会逆向推导出来一个共同行动的合作方式，以达成他们的共同目标。"换成另外一句话，无论时间长短（比如：3天、3个星期或者3年），如果一项计划的目标不清晰，那么任何工作都没有价值。

+

目标拆解和颗粒度

TAM并不是一个为了细致地拆解和跟进工作而设计的工具。这个工具的目的是帮助团队成员快速对齐关键议题，从而带来更高效的协作。如果工作需要非常细的颗粒度，在团队对齐后，你可以使用项目管理工具进行细致的拆分。在其后与团队成员确认工作细分列表。

搜索关键词：工作拆解结构、积压的工作

共同承诺

谁将要做什么？和谁一起？

团队对齐画布

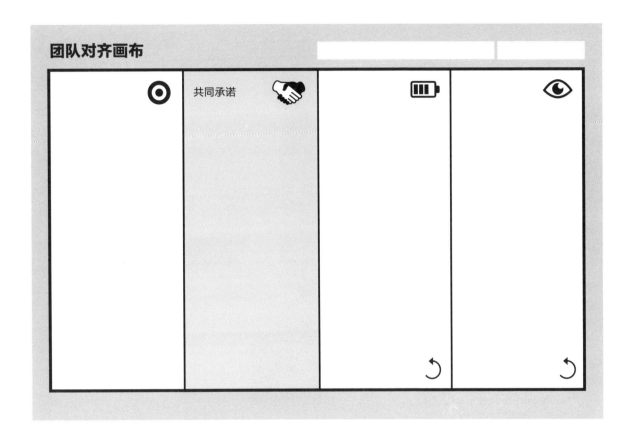

共同承诺

什么是共同承诺？

通过建立共同承诺，团队成员承诺承担并实现一个或多个共同目标。"共同承诺"一栏一般不需要写太多内容：名字和主要的角色一般就足够了。然而，每一个团队成员在其他人面前承诺的仪式非常重要。可以有两种方式：

- 团队成员在他承担的共同目标后写上自己的名字。
- 如果有人把他们的名字写在TAM上，团队成员会通过明确地说出 "OK" "我同意" "我可以" 或者 "我会承担" 来表示同意。

模棱两可的承诺会带来责任的缺失，这种情况经常会出现在一些承诺得相当含蓄的团队中，比如，没有明确说出口。未明确说出口的承诺会在合作过程中带来灰色地带，参与者会预设别人将会便宜行事，这样会增加团队中混乱和冲突的可能性。通过清晰地说出来可以避免上述情况。

共同承诺的仪式：
探索玛格丽特·吉尔伯特的工作

玛格丽特·吉尔伯特（Margaret Gilbert）是一位哲学家，她对共同承诺的概念进行了多年的跟踪研究。她观察到要创建直接相关的共同承诺，团队成员在他人面前表达出自己对将要承诺的事情的准备度既是必要的，也是充分的（Gilbert，2014）。这个动作就让承诺进入到团队的共同图景或者共同知识中（参见"深入学习"，p.252）。在公众的场合认同共同承诺可以产生道德义务和权利。每一位做出承诺的团队成员有道德上的义务完成他自己那部分的工作，同时作为回报，也有权利期待他人完成他们自己的那部分。这些义务和权利将团队成员凝聚在一起并产生强大的驱动力。

搜索关键词：玛格丽特·吉尔伯特
哲学

共同承诺推动参与者从个体状态转化为
主动活跃的团队成员的状态。

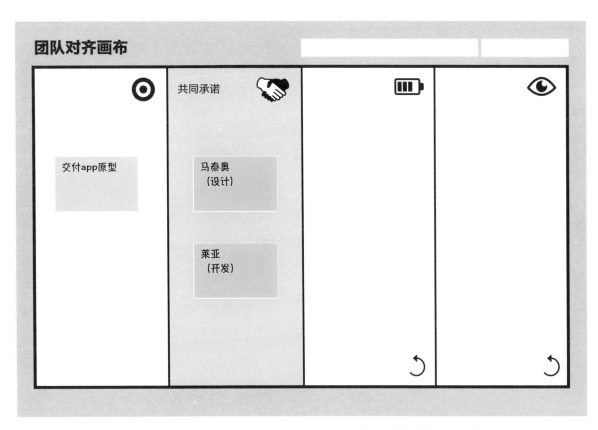

询问：

- **谁将要做什么？和谁一起？**
- 谁承诺了什么？
- 我们如何一起工作？
- 每个人的角色是什么？

共同承诺经常放在相应的共同
目标的右侧。

共同承诺的示例

共同承诺可以只是一个名字，或者一个名字加上明确的
任务清单。最重要的是，每个人都理解并认同"谁将要
做什么？"。

临时性

所有人
财务
IT

最低要求

SJ
莱亚
杨+奈杰尔+伊夫

颗粒度太粗或缺少细节
速度越快，清晰度越低

【团队】或
【部门】

当所有承诺还不能马上拆分清楚的时
候，可以先写上团队的名字。这非常
有用，也是一种最快的方法，但是需
要尽快落实详尽承诺，以避免误解。

【名字首字母】或
【名字】

如果团队成员过往一起工作过，可以
仅标注名字首字母或者名字，这样快
速又高效。

莱亚
（开发）

更细致的工作分工

马泰奥
（设计）
莱亚
（开发）

马泰奥：
- 创建纸质版本
- 设计数据资产

莱亚：
- 技术架构
- 编程和测试

颗粒度较细或充满细节
速度越慢，清晰度越高

【名字】+
【角色】

除了名字，有关每个人角色或工作
的简洁描述可以提升共有理解的清晰
度，同时不会减缓团队对齐的进程。

【名字】+
【主要任务/责任】

更细致的工作分工也可以放在TAM
中。这个用时更长的方法一般适用于
新组建的团队。注意要把分配的子任
务匹配到同一目标栏中的每项目标
上，以避免团队对于每一栏的具体内
容感到困惑。

共同资源

我们需要什么资源?

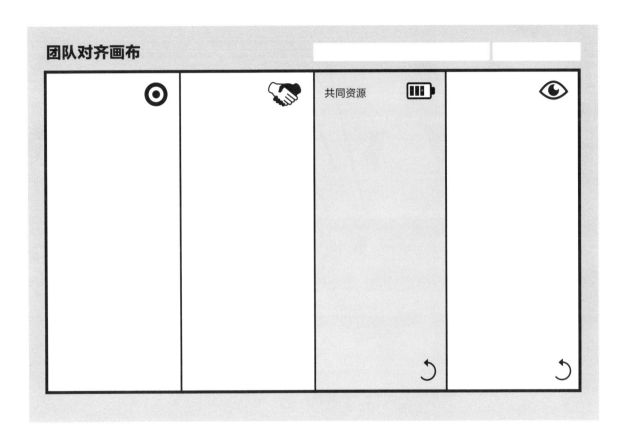

团队对齐画布

共同资源

我缺少资源！

我缺少资源！

什么是共同资源?

所有的人类活动都需要资源，比如时间、资本或者设备。描述共同资源包含对上述需求的估算，以便每个团队成员都能成功地做出自己的贡献。通过提高大家对于完成任务最终所需资源的共同意识，把团队锚定到真实的世界中。

当缺少资源的时候，因为个人受困，团队也会失去交付的能力。工作流程中断，任务完成度也会大打折扣。对资源进行估算与谈判很关键但并不足够。资源必须被分配下去，例如，团队成员可以真正拿到完成任务需要的资源。如果在这一点上不太有把握，一定要坚持，不要犹豫。

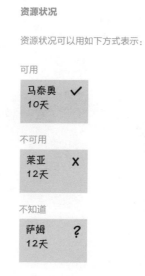

\+

资源状况

资源状况可以用如下方式表示：

可用

不可用

不知道

共同资源帮助团队评估每位成员要完成自己
的那部分工作需要什么。

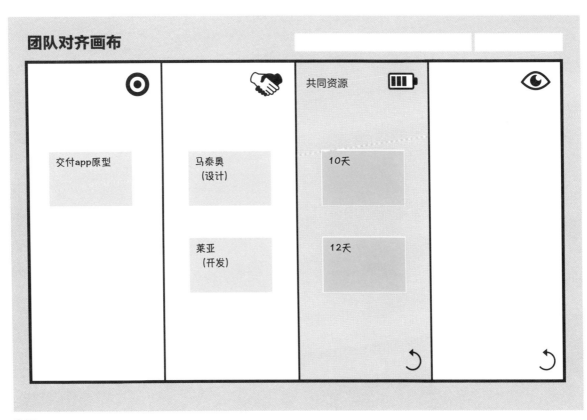

询问：

- **我们需要什么资源？**
- 我们必须得到什么或者获取什么？
- 要想让每个人能更好地为工作做出贡献，我们还缺失什么？
- 为了完成工作，什么是必需的手段？

示例：

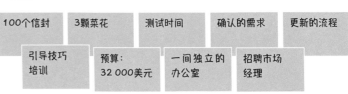

共同资源的示例

如果一个团队成员完成他的工作需要一些东西，那么这些东西就是资源！所需资源可以被精准或者不太精准地描述出来；我们总是在速度和清晰度间取得平衡。

最低要求

巴勃罗

在中国有办公室

精准的数据

颗粒度太粗或缺少细节

速度越快，清晰度越低

【资源】

划定资源可以是第一步。这样可以让对话朝着正确的方向进展，例如，明确为了完成工作到底需要什么。

建议格式

巴勃罗
10天

市场宣传页
100份

差旅费用
2万美元

带有限定条件

最多需要巴勃罗10天的
时间，成本是每天1500
美元

打印100份市场宣传页
（需要在6月3日前完成）

本周末前确认2万美元的
差旅费用

颗粒度较细或充满细节

速度越慢，清晰度越高

【资源】+
【预估的数量】

明确和量化所需资源可以在团队成员
间创造很高程度的一致性和真实感。
如果很难预估准确的数量，可以预估
一个区间或大致范围（1~10天；2万~
8万美元）

【动词】+【预估的数量】+
【资源】+【限定条件】

当需要对关键资源进行精准定义时，这个更长
的模板可以支持团队对齐。但是这个模板只在
特殊的情况下使用。

☐ 人员：例如人数、工作小时数、
技能（专业的、人际的）、培
训、激励等

☐ 设备和工具：例如工位数量、会
议室、办公家具、交通工具、
机器等

☐ 财务：例如预算、现金、贷款等

☐ 物资：例如原材料、补给等

☐ 技术：例如应用软件、电脑、线
上服务、网络基础设施需求等

☐ 信息：例如文件、数据、访问权
限等

☐ 法律：例如版权、专利、许可和
合同等

☐ 组织：例如流程、内部支持、决
策等

共同风险

什么会阻碍我们
获得成功？

团队对齐画布

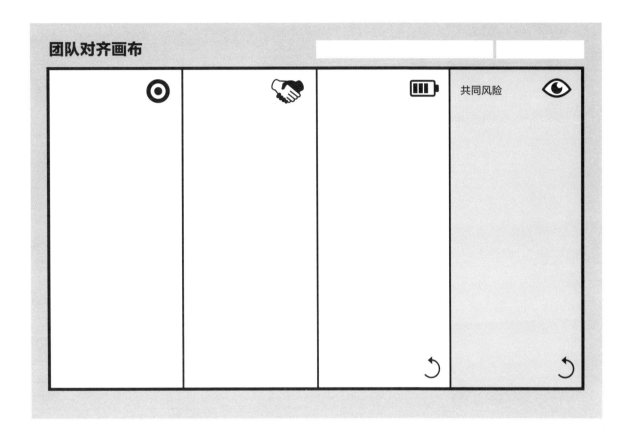

共同风险

我和你说过，我们开得太快了。

什么是共同风险？

没有风险的项目交付不出来东西。因为存在着一定的不确定性，所以所有的项目都有风险。一旦发生，风险就是带来不必要障碍的事件。这些障碍会给团队完成任务带来更大的困难。它们会增加成本，影响项目交付的期限和质量，甚至会损害人际关系。最糟糕的情况，风险可能会带来整个项目和团队的失败。

TAM有助于降低风险，主要通过下面三个步骤：

1. 风险识别

    （通过填写共同风险栏进行）

2. 风险分析

    （通过讨论每一条风险敞口进行）

3. 风险转化

    （通过使用回溯路径进行）（参见p.74~75）

有关风险管理的讨论至关重要：它们会增强团队的韧性，进而提高成功完成任务的可能性。

+

风险敞口

一个标注风险敞口的简单技巧是在记录中使用一个数字或者字母。

比如：
H=高，M=中，L=低
（风险敞口=风险可能性 × 风险影响）

H	风险1
M	风险1
L	风险1

+

专业化的风险管理

TAM是为进行实时、快速的风险管理而设计的；它不能替代深入的风险分析和管理工具。如果进一步，还是要参考专业的风险管理技术。

搜索关键词：风险管理、风险管理流程、风险管理工具

共同风险帮助团队更主动地预测和应对潜在的问题。

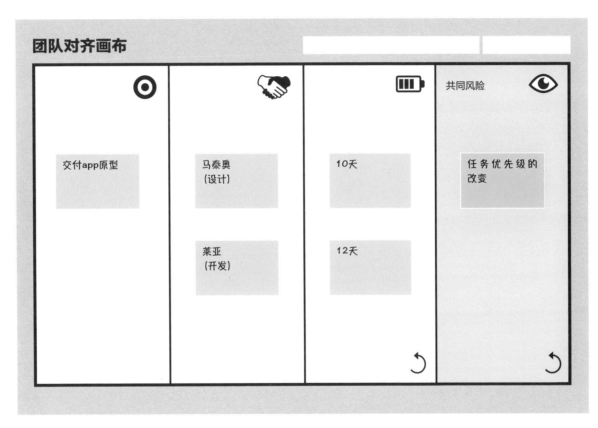

团队对齐画布

| 交付app原型 | 马泰奥(设计)
莱亚(开发) | 10天
12天 | 共同风险
任务优先级的改变 |

询问：

- **什么会阻碍我们获得成功？**
- 什么可能会出差错？
- 我们最糟糕的情况会是什么？
- 什么问题/威胁/危险/副作用会影响我们达成目标？
- 有什么特别的担忧/反对意见吗？
- 什么会让我们考虑备用计划？

示例：

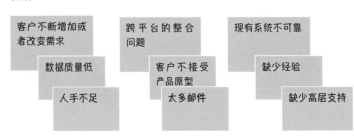

客户不断增加或者改变需求

数据质量低

人手不足

跨平台的整合问题

客户不接受产品原型

太多邮件

现有系统不可靠

缺少经验

缺少高层支持

共同风险的示例

当描述风险的时候，应该实事求是。

关于"共同风险"，存在两个极端。一个极端是，因为
有太多的事情可能出错，所以团队花更多的时间用在精
准描述风险上，而不是去完成任务。另一个极端是，
团队盲目乐观，根本不做风险识别，最后可能仅因为轻
易就可避免的原因而导致项目失败。因此，团队应该折
中，简明扼要地描述风险，只有在高风险敞口的情况下
才描述细节。

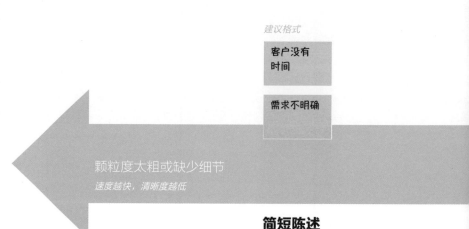

建议格式

客户没有
时间

需求不明确

颗粒度太粗或缺少细节
速度越快，清晰度越低

简短陈述

就算只有一条简短的风险陈述，也好
过没有。这是用TAM评估风险的精髓
所在。

带有后果

客户没有时间可能会导致严重的延迟问题

起初的需求不明确可能会导致服务器宕机

更多细节

时差导致客户没有时间，可能会使项目延迟6～12个月的时间，并增加40%的成本

由于系统工程师超负荷工作，所以起初的需求不明确，这可能会导致服务器错误配置和30%～60%的故障时间

因为客户处在不同的时区，存在无法及时联系到客户的风险，可能会造成项目延迟6～12个月并增加40%的成本

因为系统工程师超负荷工作，存在起初的需求不明确的风险，可能会导致错误配置服务器和30%～60%的故障时间

颗粒度较细或充满细节

速度越慢，清晰度越高

【风险】可能带来的【后果】

【原因】导致的【事件】，可能会造成在【共同目标上的可量化结果】

【原因】导致的【事件】存在风险，可能会造成在【共同目标上的可量化结果】

+

风险检查表

☐ 内部的：由团队自身造成的风险，例如失误、瑕疵、准备不足、技能缺失、交付质量、沟通不畅、人员配置、角色、冲突，等等。

☐ 设备的：例如由技术问题、团队使用的产品或者服务带来的风险，工具、建筑物的质量问题，等等。

☐ 组织的：例如由同一组织中的管理层和其他团队造成的风险、缺少支持、政治、物流和资金，等等。

☐ 外部的：例如由客户、终端用户、供应商带来的风险，合规问题、金融市场、天气状况，等等。

+

这个模板右侧对风险的描述更加正式，同时也有更多的细节。可是，这种格式也极大地增加了对齐的工作量。为了避免让团队灰心丧气，可以使用模板中左边的简短陈述这一建议格式来描述风险，而右侧这些更细致的模板可以作为讨论的补充指南。如果有必要，可以使用专业的风险管理工具。

71

1.2
利用团队对齐画布进行规划，明确分工（规划模式）

从前进路径开始制订计划，之后使用回溯路径降低风险。

前进路径和回溯路径

利用TAM进行规划和评估，流程上分为两步。

1、2、3、4、5
前进路径

流程的第一步，我们称其为前进路径，由制订计划的各个步骤构成。参与者先完成TAM的表头区域，再在内容区域从左到右按逻辑顺序完成每一栏，就描述出高效协作所需要的内容了。这个步骤奠定了全局，使参与者可以同时看到期待和问题，进行反思，以提高成功的概率。

前进路径开始把大家凝聚成一个真正的团队。团队成员一起思考每个人的贡献和需求，在这个过程中建立共有理解。

6、7
回溯路径

流程的第二步叫作回溯路径，旨在降低项目的执行风险。从实际情况来看，这一步包括尽可能多地移除后面两栏中的内容。这需要创造、调整和删除画布中其他栏的内容。换句话说，就是把潜在的问题，比如缺少资源和开放式风险，转化成为新的目标和承诺。

大家共同进行可视化的调整和解决问题，会让团队感受到进展。当参与者看到他们描述的风险得以妥善应对和处理时，他们的动力和参与度将提升。这也让团队在回溯路径的最后部分再次确认任务和期限。

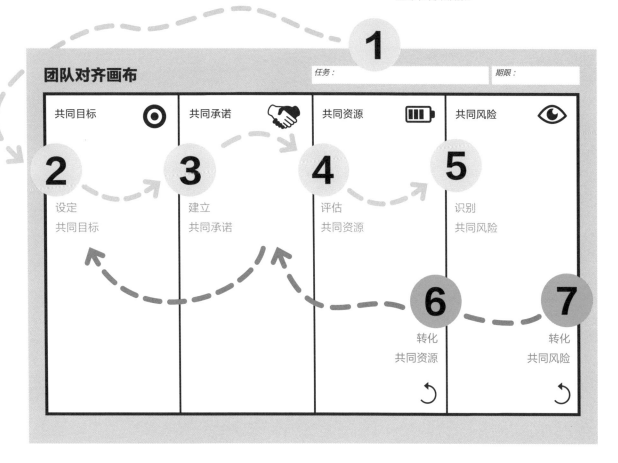

宣布任务和期限

团队对齐画布

任务：

期限：

| 共同目标 ◉ | 共同承诺 🤝 | 共同资源 🔋 | 共同风险 👁 |

2
设定
共同目标

3
建立
共同承诺

4
评估
共同资源

5
识别
共同风险

6
转化
共同资源
↺

7
转化
共同风险
↺

工作中的案例

前进路径

制定一个社交媒体策略

霍诺拉、巴勃罗、马泰奥、苔丝和卢在一个媒体机构工作。他们的任务是在指定时间内，帮助一个重要的客户制定一个社交媒体策略。他们确定使用TAM来一起工作，这里呈现的是前进路径和回溯路径的产出结果。

1

宣布任务和期限

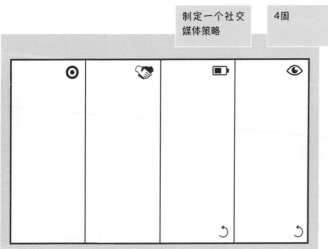

2

设定共同目标

4

评估共同资源

		制定一个社交媒体策略	4周

关键词分析报告	霍诺拉：分析 马泰奥：撰写	数据分析软件	👁
客户访谈	所有人	缺失数据库访问权限	
竞争对手分析	巴勃罗、莒丝、卢	莒丝时间不够 ↻	↻

3

建立共同承诺

		制定一个社交媒体策略	4周

关键词分析报告	霍诺拉：分析 马泰奥：撰写	🔋	👁
客户访谈	所有人		
竞争对手分析	巴勃罗、莒丝、卢	↻	↻

5

识别共同风险

		制定一个社交媒体策略	4周

关键词分析报告	霍诺拉：分析 马泰奥：撰写	数据分析软件	客户没有时间
客户访谈	所有人	缺失数据库访问权限	过度依赖数据
竞争对手分析	巴勃罗、莒丝、卢	莒丝时间不够 ↻	↻

工作中的案例

回溯路径
制定一个社交媒体策略

6
转化共同资源

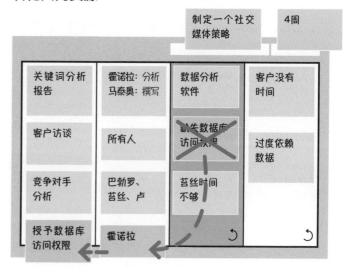

- 数据分析软件：数据分析软件可用，已确认过，没有需要处理的特殊情况。
- 缺失数据库访问权限：霍诺拉知道如何给团队授予数据库访问权限，所以她可以生成一个新的目标和承诺。从"共同资源"一栏中拿掉了这一缺失的资源。
- 苔丝时间不够：必须找到一个解决方案，所以这个条目还是留在这一栏。

7

转化共同风险

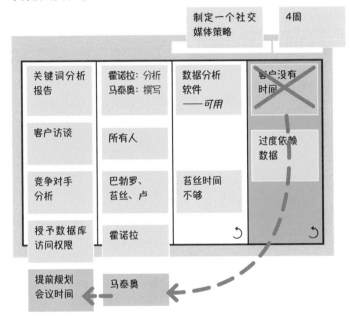

- 客户没有时间：这个风险是客户可能没有时间接受调研，因此马泰奥承诺提前规划所有会议时间。这个风险得以从"共同风险"栏中移除。
- 过度依赖数据：除了在头脑中时刻警醒，团队成员对这个风险确实没有可以做的。他们同意把这个风险变成一个提醒。

团队确认

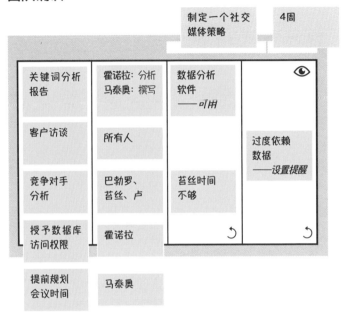

- 团队同意可以开始工作。
- 仍然需要找到一个解决方案，以释放出苔丝的时间。
- "苔丝时间不够"这件事每个人都知道，这对她本人来说感受很不一样。

家庭中的案例

前进路径

顺利搬家到日内瓦

安吉拉在一家国际组织工作，她近期刚刚被调到位于瑞士日内瓦的总部工作。她和丈夫朱塞佩以及他们的三个孩子雷纳托、马努和莉迪娅一起，为了确保搬家成功，他们一家人决定对齐一致。这里是他们有关前进路径和回溯路径的讨论。

1

宣布任务和期限

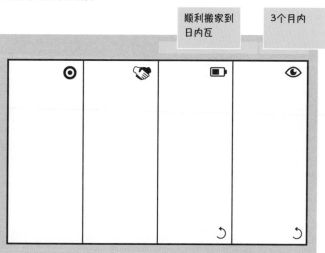

2

设定共同目标

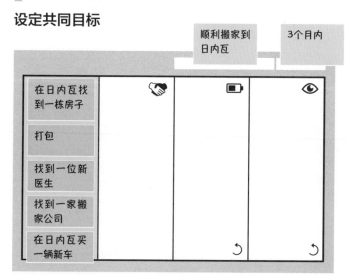

4

评估共同资源

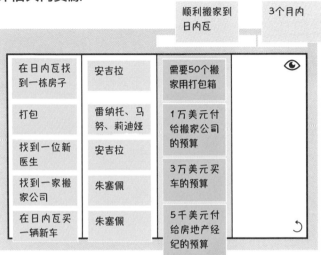

			顺利搬家到日内瓦	3个月内
在日内瓦找到一栋房子	安吉拉	需要50个搬家用打包箱		👁
打包	雷纳托、马努、莉迪娅	1万美元付给搬家公司的预算		
找到一位新医生	安吉拉	3万美元买车的预算		
找到一家搬家公司	朱塞佩	5千美元付给房地产经纪的预算		
在日内瓦买一辆新车	朱塞佩			↩

3

建立共同承诺

		顺利搬家到日内瓦	3个月内
在日内瓦找到一栋房子	安吉拉	🔋	👁
打包	雷纳托、马努、莉迪娅		
找到一位新医生	安吉拉		
找到一家搬家公司	朱塞佩		
在日内瓦买一辆新车	朱塞佩	↩	↩

5

识别共同风险

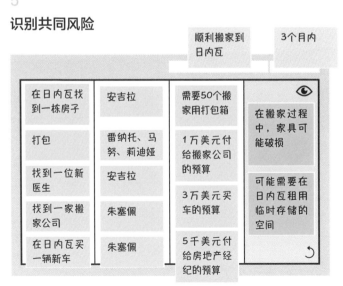

			顺利搬家到日内瓦	3个月内
在日内瓦找到一栋房子	安吉拉	需要50个搬家用打包箱		👁
打包	雷纳托、马努、莉迪娅	1万美元付给搬家公司的预算	在搬家过程中，家具可能破损	
找到一位新医生	安吉拉	3万美元买车的预算	可能需要在日内瓦租用临时存储的空间	
找到一家搬家公司	朱塞佩	5千美元付给房地产经纪的预算		
在日内瓦买一辆新车	朱塞佩			↩

家庭中的案例

回溯路径

顺利搬家到日内瓦

6

转化共同资源

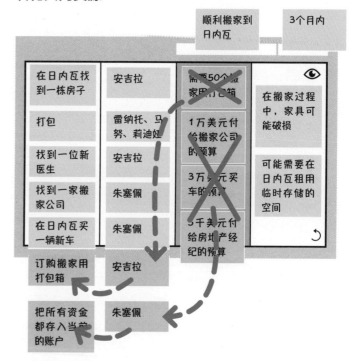

- 需要50个搬家用打包箱：安吉拉今天会订购箱子。
- 总预算4万5千美元（搬家公司、新车、房地产经纪）：朱塞佩将确保所有资金都存入当前的账户，以便随时可用。

7

转化共同风险

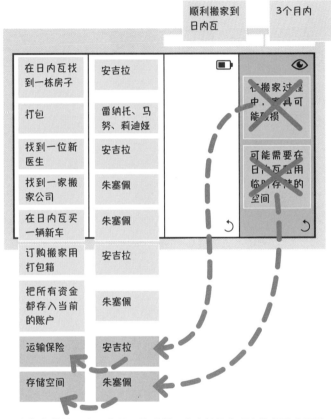

- 在搬家的过程中，家具可能破损：安吉拉将向现在的保险公司购买一份运输保险。
- 可能需要在日内瓦租用临时存储的空间：朱塞佩将联系公司的人力资源部门，让他们推荐并确保租用到足够的存储空间。

团队确认

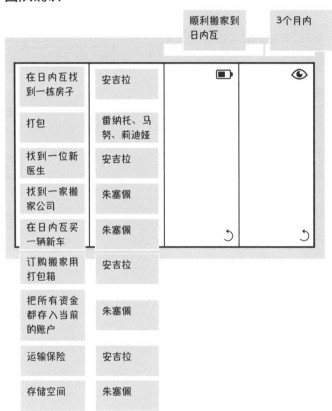

- 每个人都同意并开始采取行动，以确保搬家顺利。

朋友间的案例

前进路径

组织一场成功的生日聚会

路易丝的生日快到了，她的父母马蒂尔德和伯纳德想要组织一场成功的生日聚会。她最好的朋友托马斯也想帮忙。下面展示这个小团队如何按前进路径和回溯路径组织起来。

1

宣布任务和期限

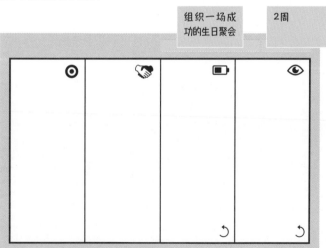

组织一场成功的生日聚会		2周	
◉	🤝	▭	👁
			↻

2

设定共同目标

组织一场成功的生日聚会		2周	
汇总客人名单	🤝	▭	👁
发出邀请			
装饰房间			
准备蛋糕和购买饮品		↻	↻

4

评估共同资源

组织一场成功的生日聚会 | 2周

汇总客人名单	路易丝		
发出邀请	马蒂尔德	20个信封	
装饰房间	佰纳德	100个气球	
准备蛋糕和购买饮品	托马斯	糖、巧克力和黄油	

3

建立共同承诺

组织一场成功的生日聚会 | 2周

汇总客人名单	路易丝		
发出邀请	马蒂尔德		
装饰房间	佰纳德		
准备蛋糕和购买饮品	托马斯		

5

识别共同风险

组织一场成功的生日聚会 | 2周

汇总客人名单	路易丝		
发出邀请	马蒂尔德	20个信封	小孩们可能怕狗
装饰房间	佰纳德	100个气球	皮奇夫人（邻居）会抱怨太过喧闹
准备蛋糕和购买饮品	托马斯	糖、巧克力和黄油	

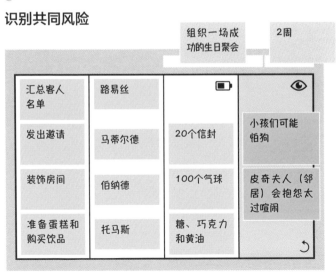

朋友间的案例

回溯路径

组织一场成功的生日聚会

6

转化共同资源

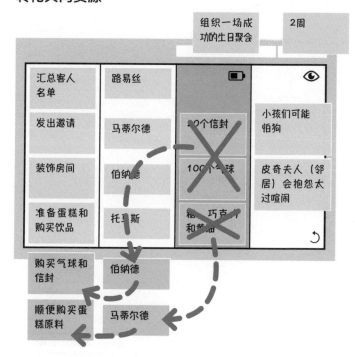

- 20个信封和100个气球：
  伯纳德负责搞定。
- 糖、巧克力和黄油：
  马蒂尔德必须去一趟药店，
  她会顺便购买这些原料。

7

转化共同风险

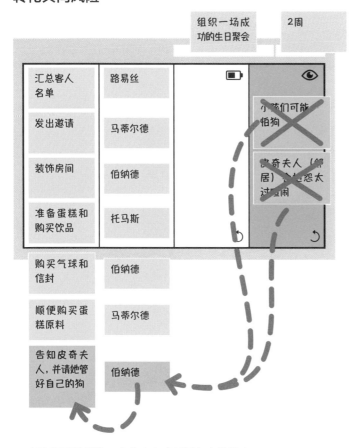

- 小孩们可能怕狗，皮奇夫人（邻居）会抱怨太过喧闹：伯纳德会马上告知皮奇夫人这次聚会的事情，并请她于当天下午管好自己的狗。

团队确认

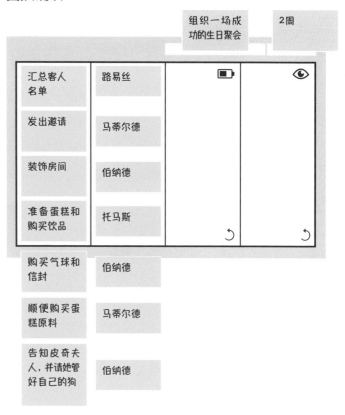

- 每个人都认同并且开始组织一场成功的生日聚会。

专业建议

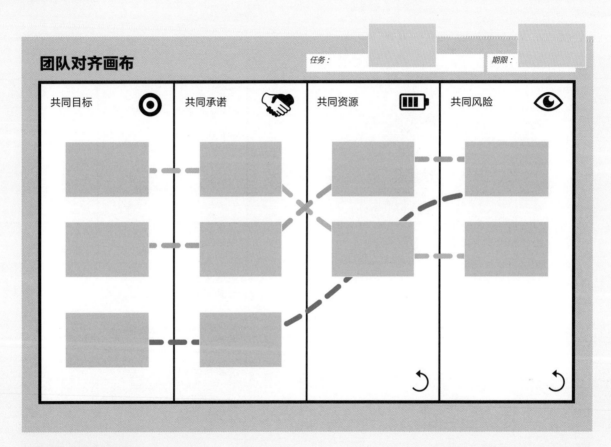

使相互关系可视化

简单地用线画出相关条目的关系

移除的内容

在讨论回溯路径时，对于从"共同风险"
和"共同资源"栏中移除的内容可以做
什么？

选项1

放在左边：在新的目标前面

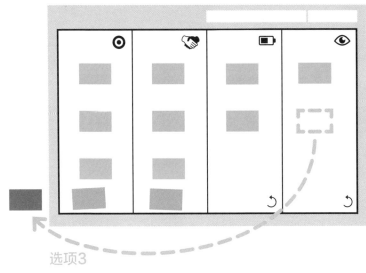

选项2

放在右边的墙上

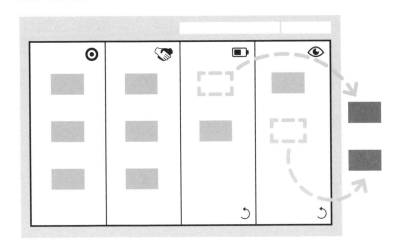

选项3

扔进废纸篓

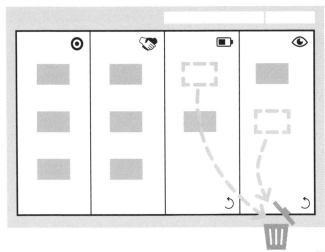

1.3
确保成员跟上团队节奏
（评估模式）

使用团队对齐画布评估团队的准备度或解决持续存在的问题。

如何使用团队对齐画布评估团队和项目

TAM可以轻松地变成一个预警系统，揭示盲点，并避免小的认知差距逐步积累成大问题。

使用TAM进行可视化的快速评估可以帮助团队确保项目成功的最基本条件得到满足：

- 启动阶段，项目有一个好的开端。
- 随后，将项目保持在正轨上。

太多的情况，我们着手开展的项目满足不了成功的最基本条件，这样合作就会转成持续的危机管理。当团队准备不足或者他们合作有盲点时，就会发生这种情况。比如，当一个人认为他知道其他人的想法，但事实并非如此的时候，团队就出现了偏差。从项目启动到结束，保证足够的一致性是成功的关键，借助一次快速的团队评估，团队可以看到对齐一致的程度，并尽可能早地采取有效的行动避免出现本可以预防的问题。

评估包括询问每位团队成员，是否认为自己可以成功地完成他们那部分的工作。这个过程可以采用投票的方式，必要时也可以匿名进行。投票结果生成的画面是中立的，之后需要团队作为一个整体进行解读；如果对齐一致的程度不足时，团队需要采取改进的行动。

启动评估时，需要在TAM每一栏中加上一条纵向双向箭头，并在旁边标记简单的刻度（从下到上），如p.93所示：

1. 共同目标：模糊、中性、清晰。
2. 共同承诺：隐晦、中性、明确。
3. 共同资源：缺失、中性、充分。
4. 共同风险：低估、中性、可控。

之后采取如下三个基本步骤进行跟进：

1

呈现
个人投票和集体确认投票结果。

2

反思
发现问题所在的区域，以团队整体的视角进行分析。

3

修正
共同制定解决问题的决策并确认。

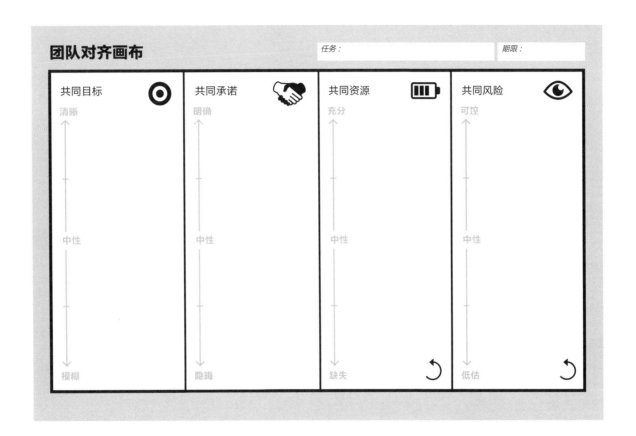

团队对齐画布

任务：

期限：

共同目标	共同承诺	共同资源	共同风险
清晰	明确	充分	可控
中性	中性	中性	中性
模糊	隐晦	缺失	低估

第一步：呈现

**以投票表决的方式，团队成员展现出他们是否相信
自己可以成功地为项目做出贡献。**

1

宣布任务、项目或者主题
我们的挑战是什么?

特雷莎   卢卡   杰里米   玛拉

2

个人投票
你认为可以完成自己那部分工作吗?

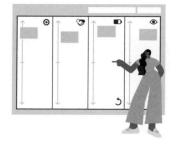 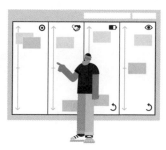

特雷莎认为：

- 共同目标：我们一起要完成的目标
  是清晰的。

- 共同承诺：我们已经明确地讨论过
  每个人的角色分工并做出承诺。

- 共同资源：我们完成工作所必需的
  资源是充分的。

- 共同风险：我们面临的风险是可
  控的。

卢卡认为：

- 共同目标：我们一起要完成的目标
  是清晰的。

- 共同承诺：我们的角色是隐晦的，
  没有讨论过相互间的承诺。

- 共同资源：我们缺失完成工作的关
  键资源。

- 共同风险：有一些风险是可控的，
  还有一些风险被低估了。

玛拉认为：

- 共同目标：有一些目标是清晰的，有一些目标是模糊的。

- 共同承诺：一些承诺被明确地共同讨论过，还有一些是隐晦的。

- 共同资源：有一些资源是可用的，但是并不充分，不足以支持我们完成工作。

- 共同风险：有一些风险是可控的，还有一些风险被低估了。

杰里米认为：

- 共同目标：我们一起要完成的目标是模糊的，我还是比较困惑。

- 共同承诺：我们的角色是隐晦的，我们并没有明确地讨论过相互间的承诺。

- 共同资源：我们完成工作的关键资源是缺失的。

- 共同风险：我们面临的风险被低估了。

3

确认结果

集体投票的结果是什么？

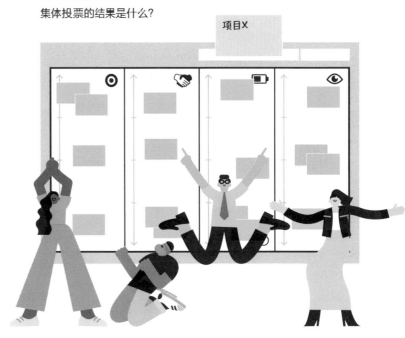

这是"啊哈"时刻。呈现出的投票结果触发了团队的觉察，并确认了问题所在。

第二步：反思

确认感知差距，进行讨论以明确原因。

纵向分布的投票结果帮助团队理解每位成员是否处于可以成功地做出贡献的位置，以及团队的对齐程度，例如：团队成员是否共享同样的看法。最理想的投票结果是所有的票都在绿色区域。当一位参与者把他的票都投在绿色区域时，代表了他想说：

1. 目标是清晰的。
2. 承诺是明确达成一致的。
3. 资源是可以充分支持他完成工作的。
4. 风险是可控的。

换句话说，在绿色区域的投票显示，让个人可以成功地做出贡献所需的最基本条件得到满足。如果整个团队都这样投票，这说明团队的对齐程度很高，团队大概率迈向了成功之路，因为每个人都认为自己可以成功地做出贡献。

当大多数的投票都集中在底部的红色区域时，说明团队的对齐程度很低。这意味着所有的团队成员都在表达他们根本无法做出贡献。一位或者多位成员将票投在红色区域，说明有一些事情是模糊或者缺失的，需要尽快得到解决。

4

阐释投票结果

吃惊或者不吃惊？

对我们来说，太乐观或太悲观？

问题在哪里？

总结一下，投票的纵向位置说明了成功的最基本条件是否得到满足；投票的位置越高越好。投票的集中度说明了团队的对齐程度，分散的投票说明了团队中有认知差异。上面绿色区域的票越集中，团队成功的可能性越大。投票越分散或者越集中在下面的红色区域，表明团队在一起工作时，可能出现的问题越多。遇到这种情况，最好先停下来，好好谈谈，并在无可挽救之前予以修正。

绿色区域

成功的可能性更高

（*所有票都投在画布上方1/3的区域*）

当所有票都投在绿色区域时，说明进展良好。团队是对齐一致的，每个人都准备好做出贡献。不需要更多的讨论，大家可以继续工作了。

红色区域

成功的可能性更低

（*一人或者多人将票投在画布下方2/3的区域*）

当一张或者多张票投在红色区域时，说明问题已经迫在眉睫了。对于团队中一位或者多位成员，成功协作的条件并没有得到满足。最好在还来得及的时候，通过讨论去理解问题所在并明确如何修正这些问题。

示例1：继续工作

这是理想的投票结果。团队有效地对齐一致，在每位成员都可以成功地做出贡献这件事上，自信满满。

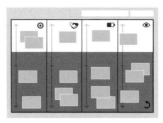

示例2：停下并讨论

必须对四栏中的条目进行讨论和澄清。一些团队成员认为有些条件是得到满足的（投票在上部），而另一些成员认为什么都不行（投票在下部），这样的分布说明团队没能在最大限度上对齐。

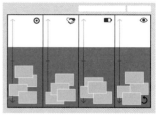

示例3：停下并讨论

对四栏中的条目都要进行讨论。团队没有对齐一致：所有团队成员都认为没有符合条件的条目。

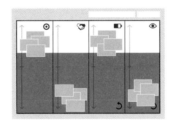

示例4：停下并讨论

团队需要讨论为什么承诺和风险的得票位置如此之低。对所有团队成员来说，共同承诺不明确，共同风险被低估。对整个团队而言，共同目标是清晰的，共同资源也是充分的。

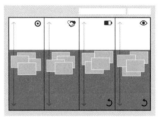

示例5：停下并讨论

必须马上对四栏中的条目进行讨论。团队成员都投票表示还行。当项目优先级不清，或者当参与者并没有全情投入，或是不愿意大胆直言时，就是上面这种典型的投票结果。

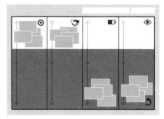

示例6：停下并讨论

最少对两栏中的条目进行讨论。共同目标和共同承诺是清晰和明确的，但是共同资源是缺失的，在某种程度上也低估了共同风险。这是创业团队典型的投票结果。必须对最后两栏中的条目进行讨论。

5

分析问题

是什么导致了问题?

是什么带来了认知上的差距?

是什么阻碍了这些条件落在绿色区域?

这一步的目标是讨论落在红色区域的投票，以及是什么导致了认知上的差距——p.99上的触发性问题也许可以有所帮助。

根据具体情况，讨论所需要的时间差异很大。举例来说，一个资源缺失问题，比如只是少了一个软件开发人员需要额外的三天工作时长，这个很容易理解，但需要更多的时间进行讨论，才能理解有关模糊的目标、隐晦的承诺或者风险被低估等问题。

可用触发性问题帮助团队分析问题

这些问题可以帮助团队激发集体思考，并对可能面临的问题进行深入思考。下面的经验法则可以帮助引导分析过程：

1. 提出一个问题。
2. 倾听回答。
3. 总结和分享，确保理解正确。

整体性的问题

关于投票的结果，你有什么感受？

你认为问题是什么？

更深入的问题

共同目标

- 具体来说，我们准备一起实现什么？
- 项目取得成功需要什么？
- 我们需要交付什么？
- 最终的结果是什么样子？
- 我们需要解决的问题是什么？
- 计划是什么？

共同承诺

- 谁要做什么？和谁一起？为谁而做？
- 每个人的角色和责任是什么？
- 精确地说，我们对彼此的期待是什么？

共同资源

- 我们需要什么资源？
- 为了让每个人都完成他的那部分工作，我们缺失了什么？

共同风险

- 什么会阻止我们获得成功？
- 对我们来说最糟糕的情况是什么？
- 我们的备用计划是什么？

第三步：修正

修正意味着采取具体的行动，确保在下一轮投票表决中将红色区域的投票转移到绿色区域。

现在已经清楚到底是什么引发了问题，是时候修正这一状况了。我们必须做出更深入的解释或决策。具体的修正行动可能相差很大，这取决于：

- 明确或调整一些内容（任务、期限和四栏中的具体条目）。
- 在TAM中移除或者添加一些条目。
- 做出一些TAM之外的决定，例如调整优先顺序，把1个项目分拆成2~3个子项目，等等。

如第7步"团队确认"所示，还需要一次最终的投票来确认修正行动的影响，以及是否还有任何遗留问题。如果绝大多数票都转投到绿色区域，则说明评估相当成功。

6

确定并宣布修正行动

为修正当前的状况，我们需要采取什么具体的行动或者举措？

为了在下一轮投票中有最多的票投向绿色区域，我们需要做些什么？

关于决策和行动的更多提问

- 那么，现在是怎样？我们需要具体做些什么呢？
- 现在我们必须采取什么行动？优先级是什么？
- 我们将从这儿到达哪里？我们的决定是什么？
- 下面立刻要做的几步是什么？

+

完善任务和期限
- 明确任务
- 重新框定任务
- 评估范围
- 延长期限

+

修改四栏中的条目
- 明确
- 移除
- 添加
- 调整

+

修改TAM外围
- 调整优先级
- 把项目分拆为子项目
- 转交给其他团队等

7

团队确认
现在你觉得可以完成自己的那部分工作了吗？

新一轮投票都在绿色区域：干得漂亮！情况得到了改善，每个人可以继续工作了。

如果一些票仍留在红色区域，这代表：不幸的是，有一些情况还是没有改善。在这种情况下，还是要具体问题具体分析：团队和/或团队领导需要决定他们是退回到"分析问题"那一步，还是继续推进。

何时进行评估

有两种评估类型：一种是准备度评估，于项目启动时进行（多数情况），还有一种是解决问题的评估，于启动之后进行（少数情况）。在项目启动时，团队对齐的需求特别强烈，这种需求随着时间推移和团队成员累积更多的共同图景而逐步减弱（参见p.252，"深入学习"）。但是环境和信息的变化可能引发新的有损害盲点，这时对于当下情况，团队就需要做出迅速的特别确认。

	准备度评估	解决问题的评估
	"我们有一个好的开端吗？"	**"我们是否还在正轨上？"**
什么内容？	• 我们准备好行动了吗？ • 每位成员是否可以最大限度地发挥能力？ • 我们是继续进行，还是需要先做更多准备？ • 我们成功的概率是多少？	• 每位成员是否还可以贡献最大价值？ • 有没有任何变化带来有损害的盲点？ • 我们是否还在通向成功的道路上？
什么时间？	• 每周协调会议（每次会议结束前的10分钟）。 • 项目启动会议（会议的开始或者中间阶段）。	• 项目执行会议（每次会议结束前的10分钟）。 • 按需的会议（会议的开始阶段）。
多少次？	频率更高（正式启动之前） • 每天。 • 每周。 • 按需。	频率更低（正式启动之后） • 月度。 • 季度。 • 半年度。 • 按需。

案例研究
一家500人的健康护理公司

我们能按时
交付吗?

西蒙娜是一家中等规模的健康护理公司的大区负责人。
她的项目经理平均管理着五个项目，向她抱怨他们的工
作负担过重。现在有流言称，客户管理系统（CRM），
这个高优先级的项目，可能没有办法按时交付。西蒙娜
应该担心些什么呢?

1

呈现

西蒙娜按需组织了一次问题诊断的评估，以了解
项目能否按时交付。她邀请四位团队成员参与投
票。结果表明，在共同资源上存在一个问题。所
有团队成员都认为没有足够的资源，因而无法按
时交付。

*改编自：S. Mastrogiacomo, S. Missonier, and R. Bonazzi, "Talk
Before It's Too Late: Reconsidering the Role of Conversation
in Information Systems Project Management."* Journal of
Management Information Systems *31, no. 1 (2014): 47-78.*

2
反思

团队反思：成员们报告说工作负担过重，这导致
反复出现没有时间完成所有分内工作，没有能力
在最后期限前交付成果的问题。进一步的调查使
西蒙娜意识到，一些成员正在从事不在优先级内
的工作，既超出了这个项目的范围，也超出了他
们的责任。

组织中最近发生了一些调整，但不知何故，这
些信息并没有传递到这个团队。这是会议的转折
点：团队成员认识到，他们根本没有意识到这些
调整。

3
修正

西蒙娜解释说，这个团队将不再承担部分活动，
因为它们很快就会交到外部。她向团队阐明了
CRM项目新的优先级和目标。团队成员松了一口
气，并重新投票确认，在这些新条件下，每个人
都能按时完成他们的工作。
CRM项目最终得以按时交付。

启动你的第一次
评估

1
呈现

2
反思

宣布任务、项目或者主题
- 我们的挑战是什么？

个人投票
- 你认为可以完成自己那部分工作吗？

确认结果
- 集体投票的结果是什么？

阐释投票结果
- 吃惊或者不吃惊？
- 对我们来说，太乐观或太悲观？
- 问题在哪里？

3
修正

分析问题

- 是什么导致了问题?
- 是什么带来了认知上的差距?
- 是什么阻碍了这些条件落在
  绿色区域?

确定并宣布修正行动

- 为修正当前的状况,我们需
  要采取什么具体的行动或者
  举措?
- 为了在下一轮投票中有最多
  的票投向绿色区域,我们需
  要做些什么?

团队确认

- 现在你觉得可以完成自己的
  那部分工作了吗?

将画布用于
实际行动

如何使用
团队对齐画布

"信息是一种造成万物差
异的本原差异。"

格雷戈里·贝特森（Gregory
Bateson），人类学家

概览

从成功的会议这一基础模块开始，学习在会议中、项目中（加入时间要素）和组织中（加入时间要素和团队要素）使用团队对齐画布的技巧。

2.1
在会议中使用团队对齐画布

召开更高产和更加行动导向的会议。

2.2
在项目中使用团队对齐画布

降低项目风险和减少执行中的问题。

2.3
在组织中使用团队对齐画布

在领导者、团队和部门之间对齐，打破内部壁垒。

2.1
在会议中使用团队对齐画布

召开更高产和更加行动导向的会议。

我们还要再开一个会吗？

召开更高产和更加行动导向的会议的技巧

从没完没了原地打转的对话中逃离。在你的会议中，使用TAM促使人们从"说到"变成"做到"，聚焦团队并支持每个人采取行动。

✓

推荐为采取行动而用

使用TAM帮助参与者采取行动、协同以及作为一个团队交付成果。

✕

不推荐为探索而用

不要使用TAM进行头脑风暴或者辩论。这个工具设计的初衷不是支持探索性讨论。

聚焦团队

p. 120

让谈话结构化，节约花在混乱和无聊会议上的时间。

激发团队成员全情投入

p. 122

让每位成员成为一股驱动的力量。

扩大会议影响

p. 124

更少的废话，更多的行动。

做出知情的决定

p. 126

用中立的声音揭示协作的盲点和问题，做出继续或者停止的更好决定。

聚焦团队

让谈话结构化，节约花在混乱和无聊会议上的时间。

TAM可以用来收敛会议和将团队聚焦在下一步具体行动上，这会让会议更高产和高效。现在，会议已经变得让人讨厌和被看作是在浪费时间。但是，会议并不是问题：面对面交流依旧是世界上最好的沟通方式（参见"深入学习"一章，p.264，沟通渠道对于创建共同图景的影响）。问题是在会议中讨论的内容。TAM可以帮助团队以结构化的方式按逻辑顺序交流谈话，让每个人更容易理解、参与和就后续行动达成一致。

→

使用TAM来

- 提高互动效率和节约时间。

- 聚焦讨论，减少困惑。

用TAM框定会议时间

1. 把会议限定在（30、60、90分钟）内。
2. 分享会议日程。
3. 讨论议题。
4. 用TAM的前进路径和回溯路径对会议进行总结，明确各自的分工。
5. 分享TAM的照片。

也可以在会议开始就一步一步地展开TAM，随着议题逐一讨论，每有一个具体的行动出现，就会创建一个共同目标，并快速地走一遍前进路径和回溯路径。

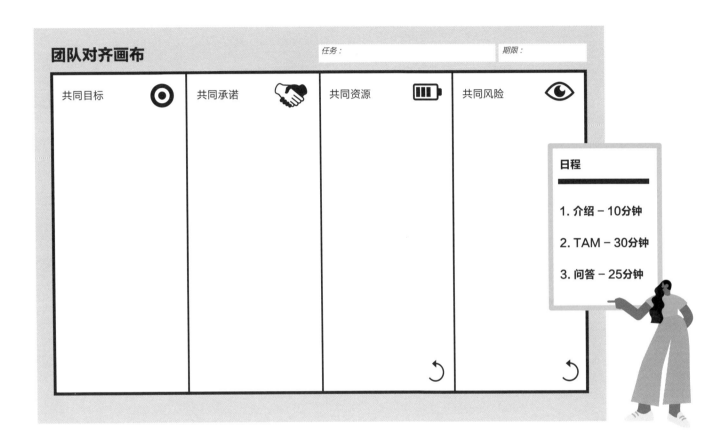

团队对齐画布

任务：

期限：

共同目标 ◉

共同承诺 🤝

共同资源 🔋

共同风险 👁

日程

1. 介绍 - 10分钟

2. TAM - 30分钟

3. 问答 - 25分钟

激发团队成员全情投入

让每位成员成为一股驱动的力量。

将任务框定为整个团队迫在眉睫的挑战。投入度和主人翁意识的缺失始于参与感的缺失。将任务框定为一个挑战性的问题，并让每个团队成员在TAM上直接回应。一起回应可以激发更高的投入度和能量。让每位团队成员都做准备并用2分钟、3分钟或5分钟发言，给予每个人（特别是内向的人）发声的机会，在团队中激发创造性和公平感。

→

使用TAM来

- 激发团队成员全情投入，营造"我们在一起"的思维模式。

- 推动团队成为一个真正的团队，对齐个体和集体的目标。

把任务框定为一个挑战性问题

1. 把任务框定为一个问题、挑战或者每个人都能理解的难题，以"我们将如何……？""我们如何才能……？""如何……？"开始。
2. 确保每个人都理解这个问题。
3. 让每个人准备5分钟（前进路径）。
4. 每个人用2分钟呈现他自己的前进路径。
5. 整合并共同走完回溯路径。

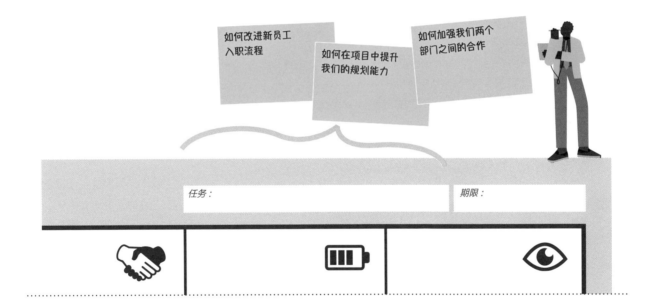

任务：　　　　　　　　　　　　　　　期限：

123

扩大会议影响

更少的废话，更多的行动。

没人负责，目标就会面临风险。推动团队就我们必须完成什么，以及谁来做达成一致，停止废话和各种八卦。为了能将影响最大化，要确保每个人的贡献都可以展示在TAM上，并为团队的其他成员所理解和认同。让每个人都意识到没人承担共同目标的风险——如果这样，团队就无法达成任何成果。

→

使用TAM来

- 把谈话转化为行动，知道谁做什么。

- 要脚踏实地。空有目标而没有承诺，本身就是很大的风险。

通过清晰的承诺，把"说到"转化为"做到"

1. 先走前进路径，再走回溯路径。
2. 确保每个共同目标都有一个对应的共同承诺；如有需要可以添加截止日期。
3. 把所有悬空的（暂时没有共同承诺支撑的）共同目标转移到"共同风险"栏中（第四栏）。
4. 分享TAM的照片。

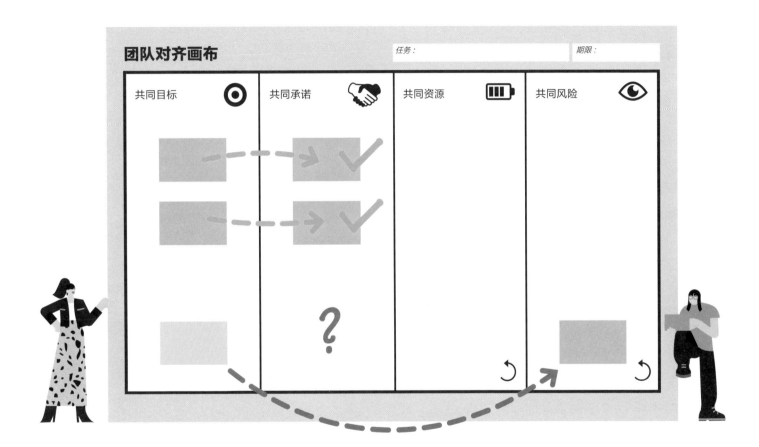

做出知情的决定

用中立的声音揭示协作的盲点和问题，做出继续或者停止的更好决定。

使用TAM评估模式里的投票，帮助团队切实看到成功的可能性。评估可以呈现感知的差距，一个对齐的团队总是比一个未对齐的团队更有可能成功。这还可以为你节省预算：评估非常快速，因此不要错过这个低成本的机会来可视化对齐的情况，根据情况决定是需要投入更多的资源还是需要先做更多准备。

→
使用TAM来

- 主动地发现问题和揭示盲点。

- 做出继续/停止的知情决定，节省预算。

使用TAM评估团队的准备度和解决问题

1. 进行一次TAM评估（参见p.90）。
2. 使用投票做出决定。

+
应用技巧

- 如果时间紧迫，而且问题可以相当快速地得到解决，就尽快组织另外一个会议。在第二次会议结束时，进行另外一次评估，以确认在第一次评估中发现的问题得到了妥善的解决。

126

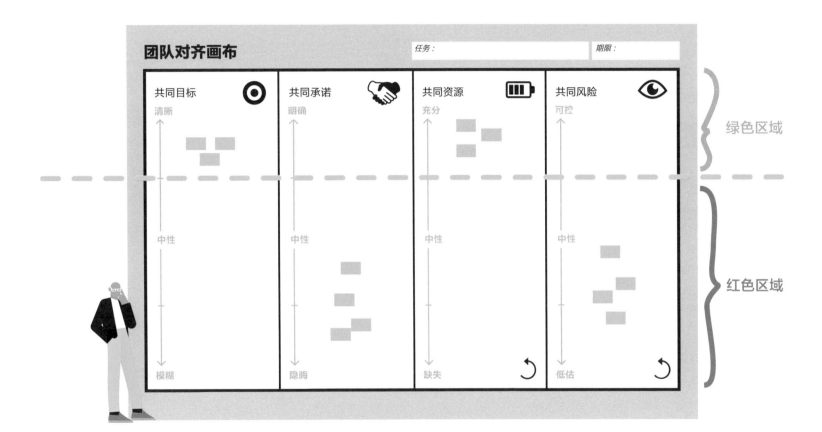

案例研究
人道救援机构
36 000名员工

我们真的一致认同吗？

亚斯明在总部位于欧洲的一家人道救援机构工作。她负责全球范围内的人力资源流程标准化，并落地一套新的人力资源信息系统（HRIS）。这个任务是首席执行官直接下达的，项目包括了来自5个不同国家的13名项目成员。每个人看起来都认同首席执行官的倡议，但是亚斯明感到有疑虑。她决定使用团队对齐画布进行一次项目评估。她的直觉是对的吗？

在HRIS里将工资、假期和劳动合同管理标准化

首席执行官布置的任务

1

呈现

集体投票显示团队成员在共同目标、共同资源和共同风险上是对齐的，但是共同承诺看起来有问题。

S. Mastrogiacomo, Missonier, and R. Bonazzi, "Talk Before It's Too Late: Reconsidering the Role of Conversation in Information Systems Project Management." Journal of Management Information Systems 31, no. 1 (2014): 47–78.

在HRIS里将工资、假期和劳动合同管理标准化

2

反思

团队就"共同承诺"栏的感知差距进行了讨论，并且很快注意到承诺并不是问题，问题在于任务是模糊的，而且每个人对于任务的理解都不同，因此共同目标定得过于宏观了。每个人都是根据自己对于任务的不同阐释做出之前的承诺的，这样真正的问题浮出了水面。

3

修正

团队决定把现在的任务拆分成三个子任务和项目，并画出三张新的团队对齐画布。他们对每个子项目进行前进路径和回溯路径的分析，而且组织了投票进行确认。投票显示团队是对齐的，大家对于未来将会发生什么很有信心。亚斯明感觉如释重负。

专业建议

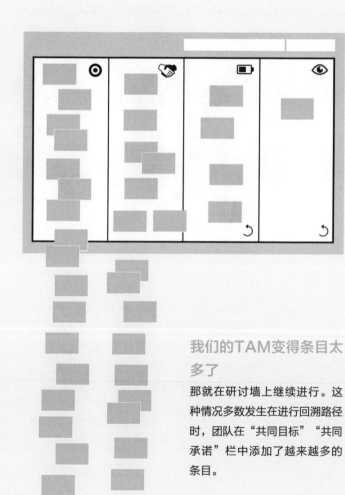

应对不一致和清晰度的缺乏

将不清晰的条目转移到"共同风险"栏中。团队
对齐会议的目的是在会议结束前，提高相互间的
清晰度以及达成一致。当TAM上面的条目模糊
不清，或者在会议中没有达成一致时，就要把这
些条目放在"共同风险"栏中准备进行进一步讨
论。只要成员在条目的认知上是清晰的，并且
得到了团队的一致认同，就再把条目放在对应的
栏中。

我们的TAM变得条目太多了

那就在研讨墙上继续进行。这
种情况多数发生在进行回溯路径
时，团队在"共同目标""共同
承诺"栏中添加了越来越多的
条目。

如何管理缺席的利益相关者和迟到的人

用几分钟的时间为迟到的人快速介绍之前讨论的内容，这样他们可以参与讨论和做出贡献。团队的成功源自团队的共同图景。如果关键的利益相关者无法出席，则需要安排一对一会议更新会议进展；保持他们一直参与其中也是团队成功的关键。

风险识别：考虑将情绪作为线索

将害怕、拒绝或者任何情绪上的反应作为识别问题的线索。从生物学的角度来讲，我们对风险的预测都是被编码过的：害怕、愤怒、悲伤和厌恶都可以是潜在风险的信号。事实探究（参见p.204）可以帮助我们提出好的问题，揭示负面情绪背后的难题。

2.2
在项目中使用
团队对齐画布

降低项目风险和减少执行中的问题。

你觉得我们还能赶上吗？

降低项目风险和减少执行中的问题的技术

在项目中，若关键的利益相关者没有与团队充分对齐，将损失团队大量的精力和资源。信息流动不足及执行中的问题会导致成本螺旋式上升、交付时间超出预计时间、交付质量不良或者客户不满。对任何一位项目经理或者管理者来说，下面这些都要安排为优先事项：项目伊始就创建我们需要完成什么的共同视角，并在过程中保持高度对齐；让每个一个利益相关者保持全程信息同步。

✓

推荐在项目团队里使用

对于任何一个项目团队，不管是新成立的团队还是正在进程中的团队，这些技术都可以被拿来单独使用，或者辅助你首选的项目管理工具，不管你是基于瀑布式还是敏捷式原则进行项目管理的。

✗

不推荐在运营团队里使用

不推荐在运营性质的团队中使用，比如运行稳定，进行高频重复性活动的团队，除非出现新的项目。

启动项目时有个好的开端

p. 138

比起糟糕的起步，好的开端能节约更多成本。

持续保持对齐

p. 140

在整个项目生命周期中保持同步。

监控项目进展

p. 144

使用TAM看板，在一面墙上对齐和监控项目进展。

降低风险（同时享受乐趣）

p. 148

作为一个团队，成员一起用可视化的方式降低风险。

对齐分布式团队

p. 150

使用线上工具克服距离障碍。

启动项目时有个好的开端

比起糟糕的起步，好的开端能节约更多成本。

无论你的团队正在参与一个项目计划（瀑布式）或是发布计划（敏捷式），TAM都可以帮助创建一个初步的全景图，每位参与者必须在其中找到他的位置。

在项目启动时保持高度的一致性需要额外的付出，但是这些努力的收益在整个项目中会变得真实可见。

忽略启动时的对齐工作从来不是一个好主意。如果未经对齐的团队成员立刻投入到具体的工作中，那么团队对协作和危机管理委员会的需求很快会爆炸式增长。在项目启动的时候，没有什么比一个好的开端更为重要了。

→

使用TAM来

- 在启动阶段对齐，提高成功的概率。
- 在执行阶段获得更多的安宁和控制。

使用TAM启动项目

1. 在进入到行动阶段前，使用TAM对谁要做什么进行对齐和确认。
2. 在项目启动会上，进行一个TAM环节。我们的经验是，如果团队没有达到足够的一致性，更明智的选择是推迟启动项目。

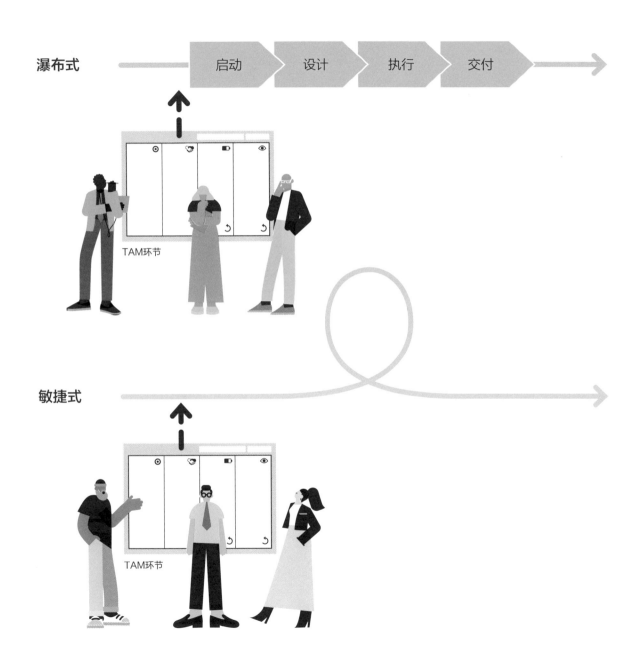

瀑布式

启动　设计　执行　交付

TAM环节

敏捷式

TAM环节

139

持续保持对齐

在整个项目生命周期中保持同步。

对齐所需的努力在整个项目生命周期中都是一样的吗？
不，在一个启动时就对齐的优秀团队中，对齐所要付出
的努力会随着时间的推移而减少——与之相反，在启动
的时候没对齐的团队中，成员将会感到由于认知差距所
带来的问题越来越多。

→

使用TAM来

- 在正确的时间付出适当的对齐努力。

- 避免过度合作。

使用TAM启动项目

1. **瀑布式项目**：在项目启动和项目设计阶段，每
   周或者每月进行TAM环节；在项目执行和交付
   阶段，只有在必要时才使用TAM。

2. **敏捷式项目**：在每一个迭代冲刺的初始阶段，
   都进行TAM环节。随着时间的推移，TAM环
   节所需的时间会变得越来越少。

瀑布式项目中的对齐需求

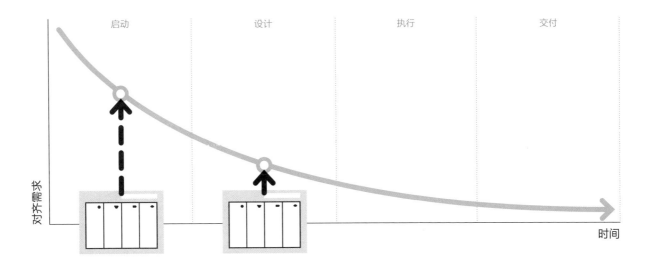

敏捷式项目中的对齐需求

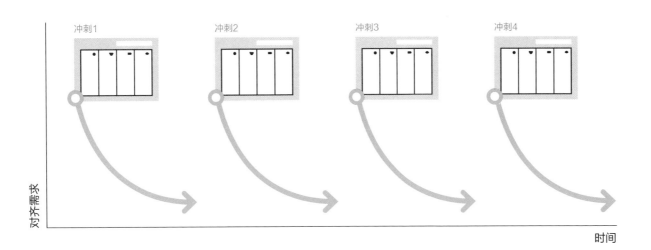

使用TAM保持对齐的四种简单方法

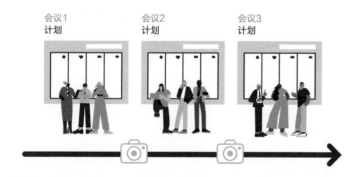

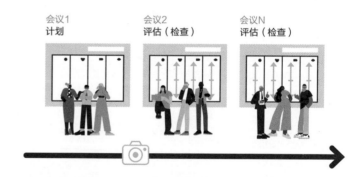

每周

创建一张初始TAM并与全体成员分享图片。在下一周，参考上一周的TAM情况，创建一张新的TAM。

启动和评估

在启动时创建一张初始TAM并在团队中分享图片。在之后的每次会议结束前，只做一个快速评估，确认事情都在正轨上。如果有必要，更新初始TAM上的信息。

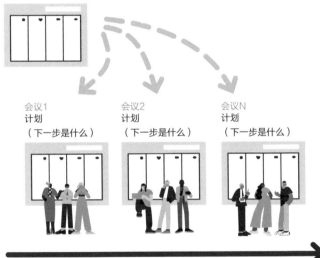

计划
（整个项目）

会议1
计划
（下一步是什么）

会议2
计划
（下一步是什么）

会议N
计划
（下一步是什么）

整个项目+每周

创建一张包含了整个项目TAM。每周都创建一张
新的、只包括本周工作的TAM。

会议1
评估

会议2
评估

会议N
评估

快速检查

对于使用其他项目管理方法和工具的团队，可以
在每次关键会议结束前使用TAM。

143

监控项目进展

使用TAM看板，在一面墙上对齐和监控项目进展。

团队对齐和项目进展监控是两种不同的活动，通常会使用项目管理平台进行项目进展监控。对于中小型项目，有一个低成本的解决方案：把TAM贴在墙上，再加上简单的三栏模拟一个看板。

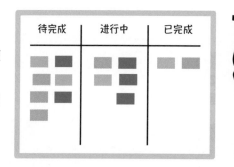

看板提供了一个简单而强大的结构来监控项目进展。工作（带颜色的便利贴）在三栏中移动：**"待完成"** 一栏包括已达成一致的和悬停的工作，**"进行中"** 一栏是团队成员正着手完成的工作，**"已完成"** 一栏是已经完成的工作。

→
使用TAM来

● 在一面墙上对齐和监控项目进展。

● 从简单和低成本的项目管理方案中获益。

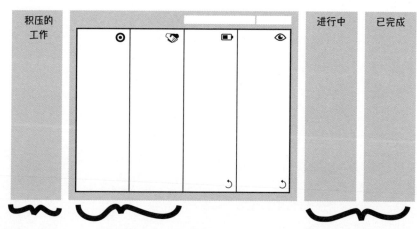

积压的工作 是一个存放有待讨论和已确认的想法及目标的"盒子"。

当"共同目标"和"共同承诺"两栏结合在一起时，就包含了经典看板中 **待完成** 的工作。

经典看板中的其他内容。

使用TAM看板监控项目进展

1. 设定任务和期限。
2. 在"积压的工作"一栏中输入新想法和目标。
3. 通过前进路径和回溯路径，对优先事项进行
   规划。
4. 当团队成员开始工作和完成工作时，把共同
   目标和共同承诺（即"待完成"）一起移动到
   "进行中"或者"已完成"一栏中。

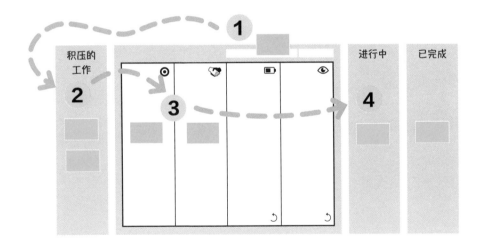

在实践中使用 TAM看板

把墙面分成三个主要区域：缓冲区、澄清区、跟进区。

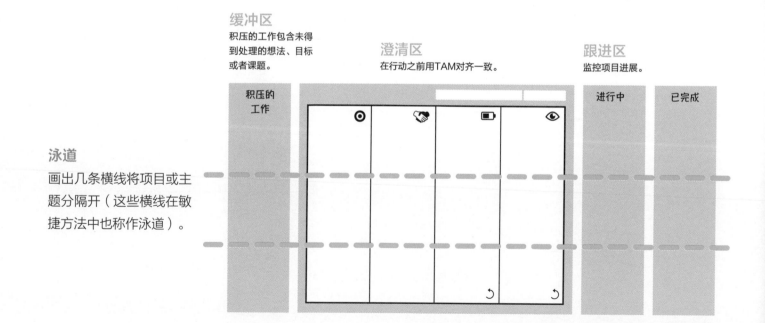

缓冲区
积压的工作包含未得到处理的想法、目标或者课题。

澄清区
在行动之前用TAM对齐一致。

跟进区
监控项目进展。

泳道
画出几条横线将项目或主题分隔开（这些横线在敏捷方法中也称作泳道）。

积压的工作

进行中

已完成

示例:

1. 团队的任务是提升线上市场的份额。一个待完成的想法是重新设计线上商店。

2. 佩德罗承诺重新设计线上商店,前提是有3万美元的预算去购买必要的授权账号(前进路径)。

3. 市场负责人卡门承诺尽快找到预算(回溯路径)。

4. 卡门宣布预算到位,佩德罗启动重新设计的工作。他们将共同承诺("待完成"一栏)移到"进行中"和"已完成"一栏中。

5. "进行中"和"已完成"两栏显示出在任一时刻谁正在做什么和什么工作已经完成。

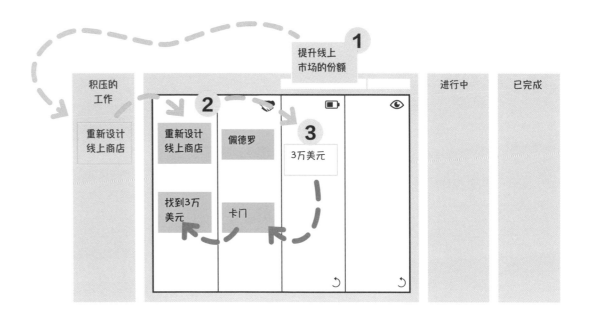

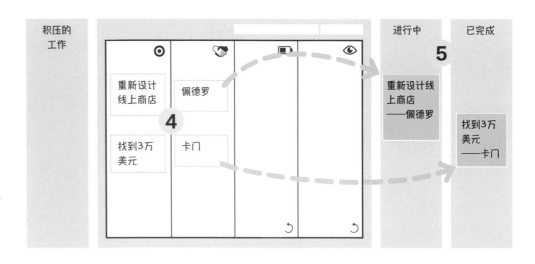

降低风险（同时享受乐趣）

作为一个团队，成员一起用可视化的方式降低风险。

项目团队可能会忽视风险管理。用大量的时间一行行填写表格，确实不是一项令人愉快的工作。

如果在对齐会议中，用可视化的方式让大家共同完成，那么这项工作就会变得更有乐趣；这也是为什么要有回溯路径。拿下即时贴象征着移除一个问题——它用可视化的方式展示出项目的切实进展，同时也激励着团队。

→

使用TAM来

 无缝降低项目风险。

- 提升团队关于风险管理的担当。

执行和强调回溯路径

1. 为项目执行前进路径和回溯路径。
2. 坚持回溯路径：确保最后两栏得到认真的清理，且没有留下关键事项。
3. 如果时间不够用，那就安排另外一个会议。
4. 团队用投票的方式确认；分享TAM的照片和投票结果。

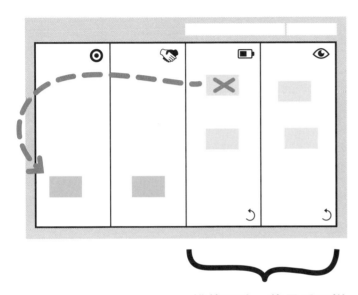

挑战团队，将最后两栏
都清空。

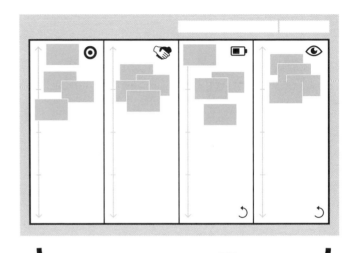

用投票表决进行确认（上图是
投票确认最好的结果）。

对齐分布式团队

使用线上工具克服距离障碍。

分布式团队可以使用Miro或者Mural这样的线上白板工具进行远程对齐，也可以从以下功能中获得益处：

- 一张巨大的画布，消除了所有的物理限制。

- 同步或者异步的协作软件。

- 聊天工具和视频会议。

- 可添加视频、文档和评论。

线下团队也可以从更新概览、版本历史、存档以及与强大的项目管理工具的整合等功能中受益。

→

使用TAM来

- 在你选择的线上白板工具中创建一个
  TAM模板。

- 远程创建并在过程中保持对齐一致。

使用TAM的照片作为背景

1. 在你选择的线上白板工具中创建一个TAM模板。

2. 远程创建并在过程中保持对齐一致。

+

应用技巧

- 在第一次对齐会议中使用视频会议，这样可以看到非语言信息。

- 使用TAM看板对齐和监控项目进展（参见p.144）。

- 使用线上调研工具，而不是线上白板进行TAM评估，效果更好。

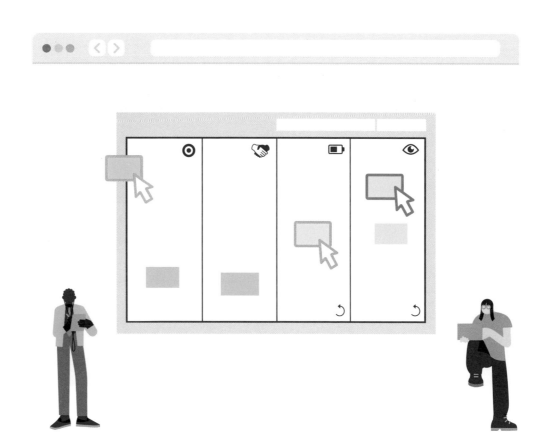

专业建议

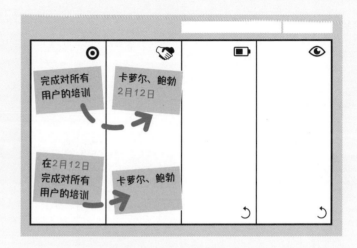

任务	分配给	截止日期
完成对所有用户的培训	卡萝尔、鲍勃	2月12日

使用在线工具监控项目进展

把目标-承诺转换成任务和工作分配。共同资源和共同风险也可以使用同样的方式进行转换和分配。

添加交付时间和里程碑

可以直接将完成日期和时长写在共同目标和共同承诺的贴纸上。把里程碑作为共同目标，添加在第一栏中。

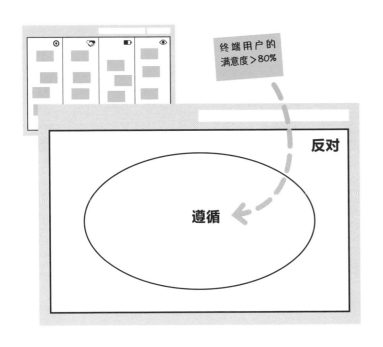

终端用户的
满意度>80%

反对

遵循

添加成功标准

使用团队契约讨论和确认成功标准（参见p.184）。
TAM的重点放在对齐共同行动上，团队契约用在定
义团队规则上。

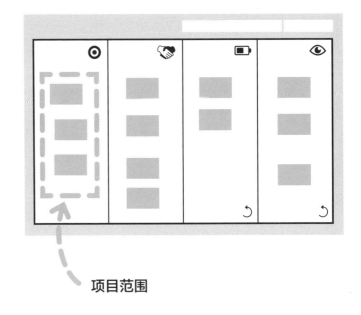

项目范围

**如果一些目标没有呈现在团队对齐画布
上，应该怎么办？**

这些目标只是不在这个任务范围之内。

2.3
在组织中使用团队
对齐画布

在领导者、团队和部门之间对齐，打破内部壁垒。

进行跨团队对齐的技术

高水平的个人和团队被孤立在职能的高塔里，无法交付构建在新业务流程上的新商业模式、新客户体验、新产品和新服务。只有通过高效的跨职能协作，并经由每位理解战略怎样转化成为个人具体的日常行动的参与者，组织才能应对复杂的挑战。

使用这些技术落地战略流程，或者在推出新的战略举措时使用这些技术注入系统性的一致性，促进跨职能工作，并帮助广大员工参与其中。

✓

推荐在系统性的变革管理中应用

通过赋能团队，改善团队与管理层的对话，以及建立共享的流程和语言体系，创造系统性的变革。

✕

不推荐在没有高管支持的情况下应用

在召集团队之前，确保你拥有相应的管理职权。为了避免政治反击，战略举措涉及的跨职能部门越多，你越需要更高层的支持。

赋能团队

从精疲力竭的超级英雄角色中走出来。

当出现下面两个问题时，团队绩效会严重低于预期：
①因为不理解战略方向，团队成员无法做出明智的知情的决定；②每人工作所需的条件或者资源没有得到满足。

作为一名团队领导者，一个TAM赋能会议可以帮助你解决这两个问题。你设定方向并做出解释（任务），团队按实现方法（前进路径）独立工作，之后团队一起讨论降低风险和协商资源的问题（回溯路径）。

这个方法与Spotify公司（音乐流媒体公司）所倡导的"对齐的自主"相似。使用下面基本的公式对团队进行赋能，自主＝当权者×对齐。（Henrik Kniberg，2014）任务由团队领导者（当权者）设定，团队负责落地的部分（前进路径和回溯路径），这个过程通过持续的对话完成（对齐）。

使用TAM赋能团队

角色和责任

领导者——做什么和为什么

- 沟通任务：必须应对什么挑战或者必须解决什么问题，原因是什么。
- 设定短期目标。
- 根据团队成员的需求分配资源。

团队——如何做

- 找到问题的最佳解决方案和资源的最合理利用方式。
- 如果有必要，与其他团队合作。

→

使用TAM来

- 有效地授权。
- 帮助团队自组织，以及提升自主性。

使用TAM的快速授权会议
（60分钟）

1. 任务（5分钟）：团队领导者给团队设定清晰的任务（做什么和为什么），以及短期的目标（共同目标）。这之后，领导者离开房间，直到第三步（呈现）时再回来。

2. 前进路径（30分钟）：这一步由团队独立进行；当团队自己定义"如何做"的时候，责任感会增强。

3. 呈现（5分钟）：团队领导者返回房间，团队向领导者介绍前进路径。

4. 回溯路径（20分钟）：这一步由团队和领导者一起进行；通过添加、调整和移除TAM中的条目，协商和分配资源，降低风险。

5. 确认：团队领导者和团队一起确认TAM。

+
应用技巧

- 将任务定义为必须面对的挑战，这样可以更好地激发团队全情投入（第2章，激发团队成员全情投入，参见p.122）。

- 使用团队契约定义"规则、行为准则和我们如何一起工作"（参见p.184）。

团队　　　　　　　领导者

让大型团队
全情投入

如何动员大型团队，让数十人甚至数百人全情投入。

全情投入源自参与，这一点毋庸置疑。动员大型团队需要投入更多的资源和时间，特别是有时候要举办多场对齐会议才能做到。但是投入的每一分钱都是值得的，因为团队越大或者任务范围越广，财务风险和失败的可能性就越高。早期强有力的对齐可以有效避免预算超支和其他执行上的灾难。

因此，需要预定一个大型的会议场地，把人们分拆成小组，举办多个平行的会议，在决策前给每个人发声的机会，整合和分享成果，之后再进入行动阶段。

→

使用TAM来

- 提高参与者的认同度和投入度。

- 降低财务风险。

动员大型团队

1. 分组（5分钟）：按4~8个人一组将参与者分成若干小组。
2. 在小组中对齐（30分钟）：给各小组分配相同的总任务或者子任务，之后进行TAM环节。
3. 呈现（每组5分钟）：每个小组向其他人展示自己的TAM。
4. 整合（会议之后）：如果可行，由一个引导师将所有内容整合到一张TAM中。
5. 决策和分享（会议之后）：把整合结果发给所有参与者，通常还会附上一张决策清单并说明原因。

这个过程可以有多次迭代，直到达成足够的一致性。在大型团队中，可以用线上TAM评估确认一致性。

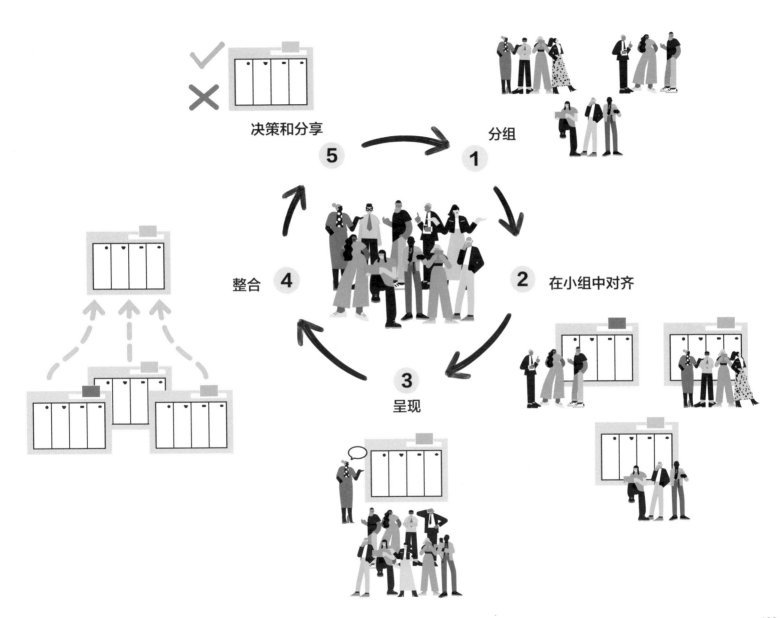

决策和分享

5

分组

1

整合

4

2

在小组中对齐

3

呈现

引导跨部门和
跨职能合作

帮助跨职能团队更加成功。

当没有对齐任务和目标时，组织中的跨职能团队很容易深陷到无法管理的依赖关系和争夺内部资源的政治斗争中。要为跨职能团队创建支持环境，首先要对齐所有与任务相关的团队，制定共同的短期目标，鼓励团队讨论和协商共同目标。通过聚焦在与领导者及各个团队对齐任务和目标上，这一步骤可以在对齐工作坊中使用TAM完成。

→
使用TAM来

- 创建共同语言、流程，制定共同目标。
- 发展文化，开展新的协作实践。

使用TAM支持跨职能工作

3小时，最多6小时

1. **任务**（10分钟）：团队领导者向团队下达总任务并清晰地解释（是什么和为什么），也可以添加共同目标。这之后，领导者离开房间，直到第三步（呈现）时再回来。

2. **前进路径**（1小时）：团队确认如何直接为总任务做出贡献或者定义子项目，之后每个小组各自完成前进路径。

3. **呈现**（每组5分钟）：领导者返回，每个小组向其他小组展示他们的前进路径，这样可以提高大家有关谁将做什么的意识。领导者确认TAM和可能存在的子项目。

4. **回溯路径和协商**（1小时）：通过添加、调整和移除TAM中的内容，在团队间讨论和分配资源，并降低风险。注意，新添加的目标可能引发新的前进路径和回溯路径。领导者必须一个团队、一个团队地沟通，明确理解和响应请求。

5. **回顾和下一步**：领导者总结回顾并宣布下一次反馈和决策的会议。

+
应用技巧

● 建立一个或者多个团队契约（参见 p.184）来澄清或改变团队规则。

对齐任务和目标

领导者

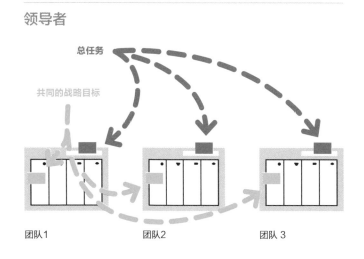

团队

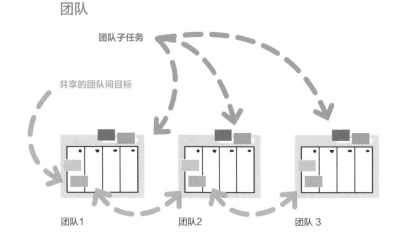

协商和分配资源

与领导层或在团队间协商资源。

资源的协商和分配对所有项目来说都是关键。无论是在团队与团队之间，还是在团队与领导者之间，最基本的两个原则是相同的：

- 通过说明资源与共同目标和任务之间的关系，获取缺失的资源。
- 如果没有成功，就需要调整或者移除相关的共同目标。

选项1

与领导层协商

- 团队先完成**前进路径和回溯路径**。然后与领导层预约一个演示会议，并就任何缺失的资源进行协商。
- **呈现并与领导层协商**：展示TAM，按逻辑顺序提供背景信息。讨论和协商缺失的资源，如果无法获取资源，则需要调整或者移除相关的目标。

→

使用TAM来

- 用逻辑连贯的故事获取更多资源。
- 让任务和共同目标更可实现。

在团队间协商

- 团队首先各自完成**前进路径和回溯路径**，并准备好TAM。
- 在进行资源协商之前，团队间要共同讨论和一致确认资源**协商标准**。标准可以以定性的方式（高、低）、定量的方式（1~5），或者权重的方式（50%、30%、20%）表示。
- **呈现和协商**：团队相互展示各自的TAM，根据之前确认的协商标准平衡资源。

+

哪些标准可以确定为最高优先级？

紧要程度、影响力度、用户价值、对战略的贡献等，这些标准都可以帮助团队避免无尽的反复沟通，做出有意义的取舍。

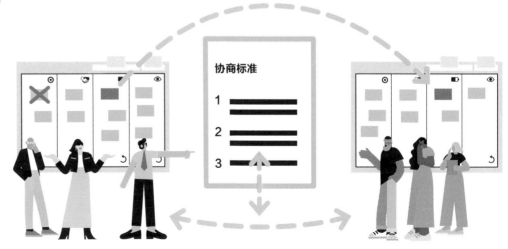

将TAM与战略流程和 工具整合起来

将TAM与商业模式画布整合起来。

TAM可以与商业模式画布——一种设计商业战略的框架和工具——完美地整合起来。通过把商业模式画布中的元素转移到TAM上，并让各个团队自主组织起来，将战略落地到运营层面。这样可以让未来的战略贡献者们感到他们是流程的一部分以及理解什么是重要的，同时增进团队对战略的认同。

→
使用TAM来

- 使战略落地。
- 轻松地与商业模式画布整合起来。

与商业模式画布整合起来

1. 使用商业模式画布制定战略。
2. 使用TAM落地战略：
   - 分配任务（例如：团队1）。
   - 分配目标（例如：团队2）。
   - 分配有交集的目标（例如：团队3和团队4）。
3. 让团队自主完成前进路径和回溯路径，有可能的话，在战略实施工作坊中让所有相关的团队都进行呈现和互动。

要进行额外的迭代，直到达成足够的一致性。在线TAM评估可以确认一致性。

+
应用技巧

- 首先讨论商业模式画布中的关键活动；这是一个好的起点。
- 再浏览画布的其他模块，寻找要执行的战略目标。

搜索关键词：商业模式画布、商业模式新生代、亚历山大·奥斯特瓦德

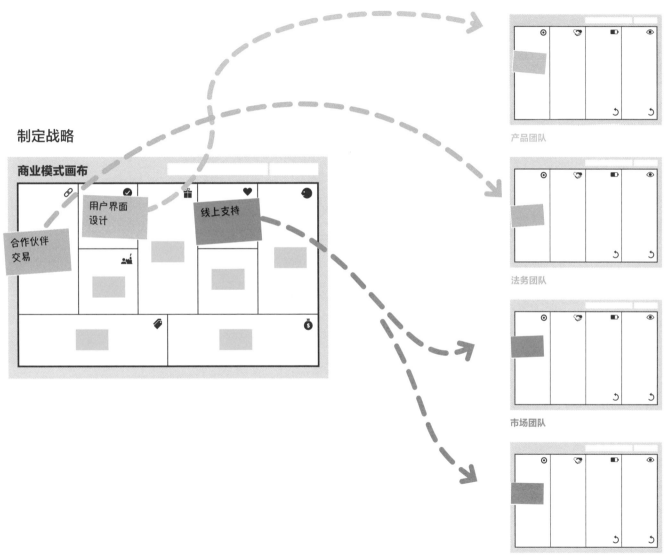

落地战略

制定战略

商业模式画布

合作伙伴
交易

用户界面
设计

线上支持

产品团队

法务团队

市场团队

销售团队

评估战略举措的
成功概率

如何评估成百上千位利益相关者的准备度，进而得出战略举措的成功概率。

我们战略举措的定位是否可以成功？我们是否需要更充分的准备？是否有需要立即做出的决策和要采取行动？

我们很难与成百上千位利益相关者一起把握战略举措的节奏。可以用TAM做一个快速的线上评估，询问众多利益相关者，看看他们是否认为自己可以成功地做出贡献。整合的结果可以给出一个战略举措的成功概率。这不是火箭研究那样的科学方法，但是也可以帮你的公司节省大量金钱。可以在一个大型的协作活动中，用线上投票工具完成这样的评估，也可以借助线上调研工具以电子邮件的形式完成。

→
使用TAM来
- 降低执行风险。
- 以匿名方式让每个人自主投票。

使用TAM进行线上评估

在线上调研工具中，使用如下模板，进行一次线上评估：

作为*战略举措的名称*的一位贡献者，我个人认为：
- 共同目标是清晰的（1~5分）。
- 共同承诺已经明确，人和团队的角色都定义清楚了（1~5分）。
- 共同资源是充分的（1~5分）。
- 共同风险是可控的（1~5分）。

1分=非常不认同
5分=非常认同

线上调研工具是以水平方向进行打分的，所以要想得到TAM，必须把线上评估得到的评估条向右旋转90度。

+
应用技巧
- 可以按主题或者团队开展评估；如果要进行更细致的评估，可以开展多种维度的投票，例如按战略主题、实施"路径"、项目或者团队
- 鼓励匿名投票：这样做也许会收获意料之外的惊喜。

用线下画布和用线上工具评估的差异

线下画布　　　　　　　　　输入　　　　　　　　　　　　　整合结果

线上工具　　　　　　　　　输入　　　　　　　　　　　　　整合结果

将评估条向右旋转90度

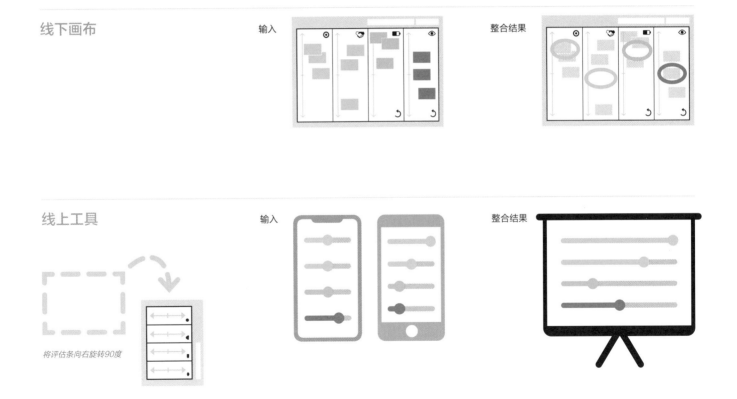

案例研究
保险集团
员工71 000名

做好启动我们战略举措的准备了吗？

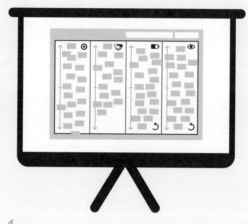

奥利维尔在一家保险集团中牵头实施一项雄心勃勃的转型战略。其任务是通过将运营活动自动化和集中化来降低成本。有四条战略路径，每一条路径都包含好几个项目。整个转型要花费上千万美元。作为CEO，奥利维尔和转型委员会害怕各个团队尚未为实施如此剧烈的变革做好准备。在整个项目启动前，他们同意与300名利益相关者一起对项目准备度做出评估。

这一担心是否得到证实？

1

呈现

投票结果表明，TAM中的每栏内容都存在极度的不一致，这是最糟糕的情况了。领导团队对认知上的鸿沟感到震惊。

2

反思

分析讨论表明，转型的核心部分尚未就启动项目
做好准备，这也影响了整个投票。

3

修正

整个项目推迟，没有明确的启动日期。集团内部
举行了多场平行的研讨会，来解决出现问题的部
分。在问题得到解决之前，领导团队决定不启动
整个变革。好消息是预算仍得以保留，关键资源
并未因此烟消云散。

专业建议

成功的转型项目

我们所经历过的成功的转型项目一般都有三个共同的标准：

√ **好的开端**：目标清晰，关键的利益相关者都各就各位。

√ **持续的动能**：所有的日期被提前锁定，主动地保持对齐一致。

√ **领导团队的支持**：组织最高管理层对项目予以支持和承诺。

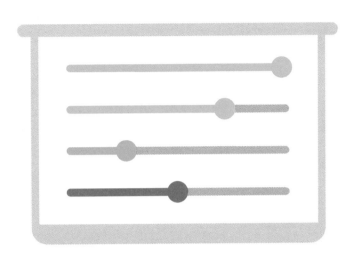

在大型团队中，使用线上调研工具进
行评估更简单，也更迅速。

在团队成员间建立信任

建立高度信任的团队氛围和提升心理安全感的四个附加组件

"在人际关系中，所有的预测都会以这样或那样的方式与信任现象相关。"

保罗·瓦兹拉威克（Paul Watzlawick），心理学家

概览

这一章介绍建立更安全的团队氛围以及提高<u>信任</u>和<u>心理安全感</u>的四个附加组件。

团队成员之间的信任和心理安全感：为TAM注入的能量。

一个由相互猜忌的高手组成的团队可以共同解决复杂问题并进行创新吗？答案很简单，不能。信任是对齐一致的前提。

当人们为了避免让自己出丑而进行自我保护，或者面对可能的威胁低头不语时，这个团队就无法全情参与到集体学习的过程中。这会导致糟糕的团队绩效和无力进行集体创新。为了做到共同创新，团队成员需要感受到能够进行开放的谈话和彼此坦诚相待的氛围，而不会害怕被评判和报复。这样的氛围被称为心理安全环境。

简单来说，心理安全是信任的另外一种表述："相信在团队中是安全的，是可以进行人际上的风险尝试的。团队成员可以说出自己的想法、提出问题、表达顾虑或者指出错误，而不怕受到惩罚或者羞辱。"这个概念和定义来自哈佛商学院领导力和管理学教授艾米·埃德蒙森，她在20年前的一份具有开创性的论文"工作团队中的心理安全和学习行为"中首次提出这一概念。

期望学习更多艾米·埃德蒙森的研究成果，详见第4章"深入学习"中"信任和心理安全"一节，参见p.266。

3.1
团队契约

定义规则、行为准则和我们如何一起工作。

3.2
事实探究

提出好问题来改进团队沟通。

3.3
尊重卡片

通过练习基本的礼貌技巧，展现对他人的尊重。

3.4
非暴力请求指南

建设性地管理异议，解决潜在的冲突。

3.1
团队契约

定义规则、行为准则和我们如何一起工作。

我们是不是该制定一些规矩?

一些团队成员可能经常迟到……

或者只会批评其他人的工作，而没有给出其他建议。

没说出来的怨恨和挫败会累积在心中，并升级为没必要的冲突。

团队契约帮助我们定义规则、行为准则和我们如何一起工作。

团队契约

我们想要团队遵循哪些规则和行为准则?

团队契约是一张简单的海报,用来协商和建立团队(长期或临时的)规则和行为准则。通过以下事项,提升心理安全和降低潜在风险:

- 就受欢迎的和不受欢迎的行为,对齐团队的认知,彰显团队价值观。
- 为在和谐的条件下开展工作,创建文化基础。
- 在违规的情况下,确保有规可循。
- 防止在团队中产生不平等和不公平的感觉。

海报上通常会呈现两个触发性问题,帮助参与者确认需要遵循的事项——什么是被接受的,以及反对的事项——什么是不被接受的。

1. 在我们的团队中,我们期望遵循的规则和行为准则是什么?
2. 作为个人,我们是否有一些工作方式上的偏好?

上面还可以包括诸如:团队行为和价值观,决策原则,如何沟通和协调,以及如何在面对失败的时候重新框定期望等主题。通过提前澄清期待,团队契约以少量的时间投入获得了巨大的回报。

团队契约有助于:

明确价值观——将共享的理念、原则和信念呈现为具体的行为。

设定团队规则——通过公平的流程建立清晰的期望。

最大限度地避免冲突——避免不必要的冲突,为违规的情况建立参考标准。

→

深入学习

希望了解更多有关团队契约的学术知识,可以阅读:

- 共有理解和共同图景(心理语言学),参见p.258。
- 信任和心理安全(心理学),参见p.266。
- 关系类型(进化人类学),参见p.274。

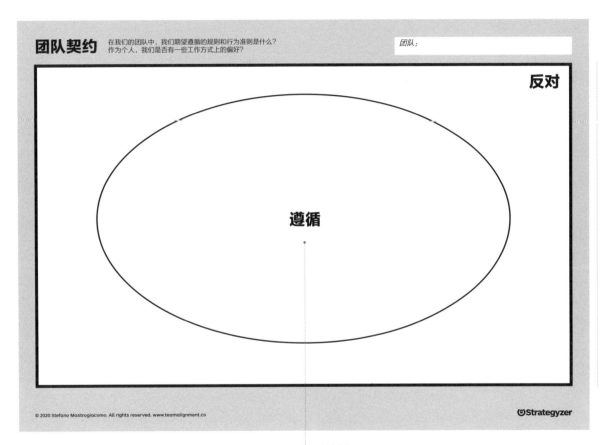

团队契约 在我们的团队中，我们期望遵循的规则和行为准则是什么？
作为个人，我们是否有一些工作方式上的偏好？

团队：

反对

遵循

⊕Strategyzer

反对
团队期望避免的
行为。

遵循
团队期望遵循的规则和
行为准则。

团队契约中遵循和反对的（典型）内容是什么？

对每个团队来说，团队契约都是唯一的。当邀请团队成员对触发性问题进行回应时，答案是多种多样的，问题的维度可以包括：

- 态度和行为。
- 决策（优先级管理、治理方式、责任）。
- 沟通（特别是会议管理）。
- 共同使用的工具和方法。
- 异议和冲突管理。
- 与其他团队和部门的关系，等等。

团队也可以将对遵循的奖励或对违规的惩罚放在契约中。

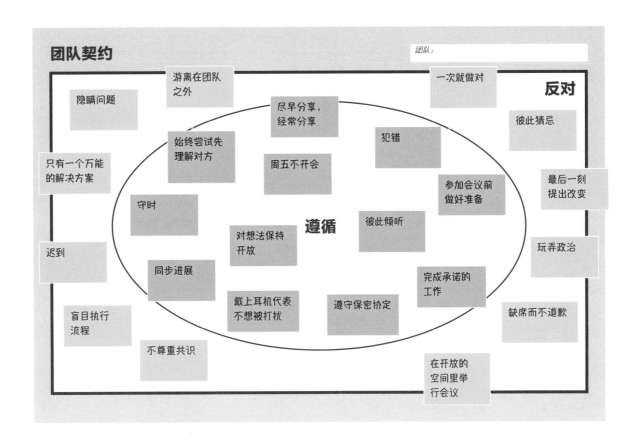

団队契约

团队：

反对

一次就做对

彼此猜忌

最后一刻
提出改变

玩弄政治

缺席而不道歉

游离在团队
之外

隐瞒问题

尽早分享，
经常分享

始终尝试先
理解对方

只有一个万能
的解决方案

犯错

周五不开会

参加会议前
做好准备

守时

遵循

彼此倾听

对想法保持
开放

迟到

同步进展

完成承诺的
工作

戴上耳机代表
不想被打扰

遵守保密协定

盲目执行
流程

不尊重共识

在开放的
空间里举
行会议

公约的轻与重

团队契约是一种设立团队公约的轻量级工具；它是通过道德而不是法律来约束团队的。后续，它可以慢慢演变为一个更加正式和有法律约束力的文件。

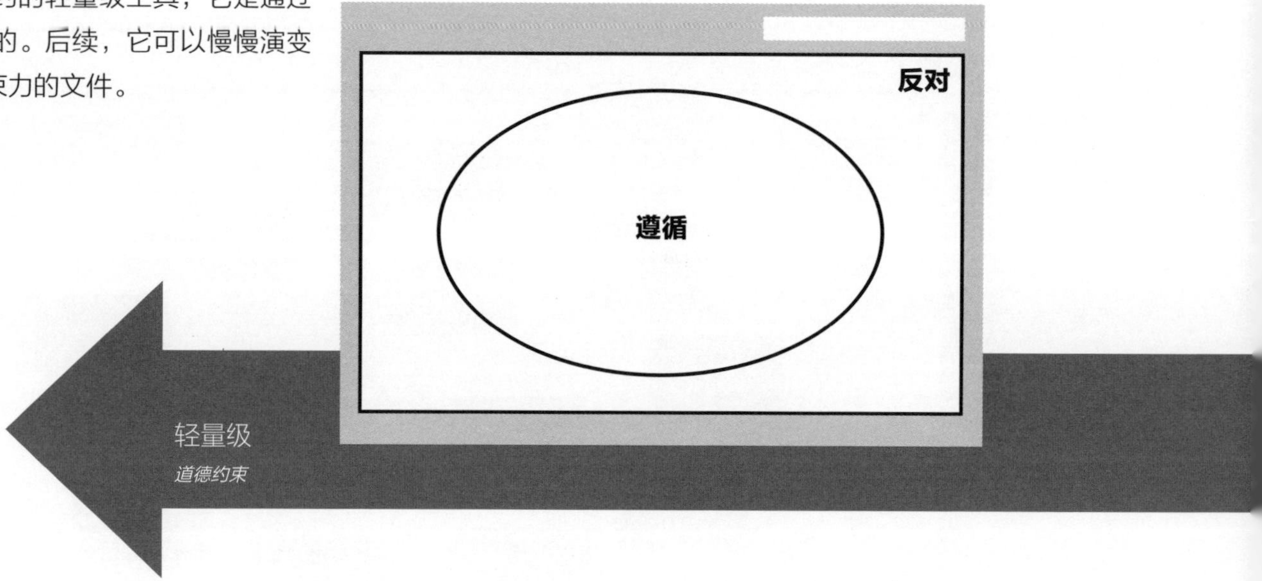

反对

遵循

轻量级

道德约束

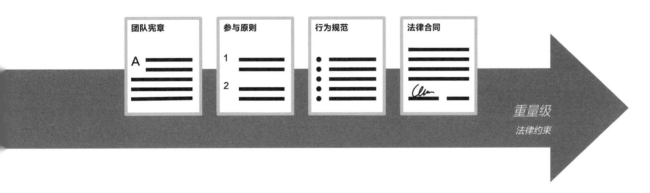

以上文件规范了在不同情境下利益相关者之间的约定。
约定描述了在重复出现的情境下的预期行为。

如何应用

步骤

在项目中，需要召集所有的团队成员或者关键利益相关者。在墙上贴一张团队契约海报：

1. 框定：发布项目和期限。
2. 准备：邀请每位成员对以下两个触发性问题做出回应——什么是要遵循的？什么是要反对的？（5分钟）
3. 分享：每人3分钟，分享各自的想法并在海报上呈现出来。
4. 整合：团队开放讨论，响应、调整并整合所有的内容。（最长20分钟）
5. 确认：当团队成员对团队契约达成共识时结束会议。

时机

如p.197图所示，TAM有助于定期对齐每个人的贡献，并且通常需要经常更新，以反映随着工作逐步开展而带来的变化。团队契约帮助团队建立跨越整个项目进程的协作约定。一般在以下情况下需要建立团队契约：项目启动时，新成员加入团队时，以及发生需要团队改变交往模式的重大变化时。

短期约定
用TAM定期设定

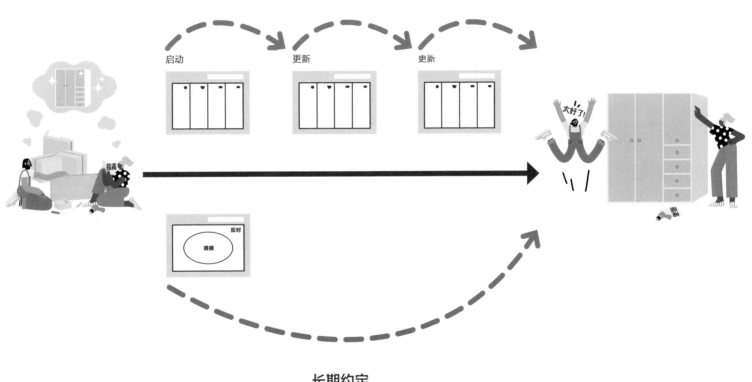

启动　　　　　　更新　　　　　　更新

长期约定
用团队契约进行规范

团队对齐画布的
一个最佳搭档

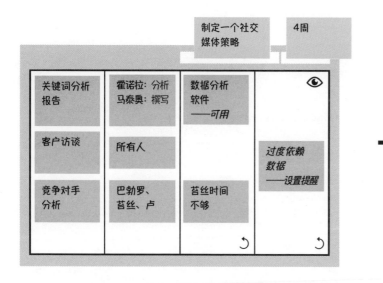

+

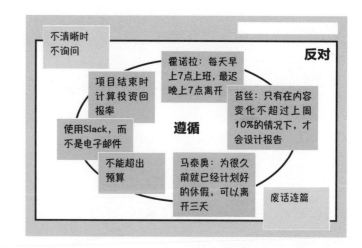

团队一致性更高+心理安全水平更高

当出现违规的情况

违反团队契约

当团队成员违反团队契约的时候，一定要直面不恰当的行为。回避冲突性问题会增加团队中遵守规则的成员的怨恨，影响到工作和整个团队的关系。根据我们的经验，下面三个方法可以减少对话（有时是困难对话）中的不适感：

1. 实事求是地解释问题，并参照团队契约。
2. 仔细倾听所有观点。
3. 让所有相关方参与进来，找到一个合适的解决方案。

如果之前已经在团队契约中约定了具体行为，就会很容易得出解决方案。契约提供了一个参照点和合法性的基础，把问题变成一个学习机会。

惩罚重大的违规行为

当出现将整个团队和组织置于风险中的重大违规行为时，开除违规的人可能是最好的解决方案。艾米·埃德蒙森提到，"公平性可以强化而不是伤害心理安全，所以应当严肃地面对可能的风险、伤害或者马虎的行为"（Edmondson，2018）。

事前明确，能更容易地将行为问题变成学习机会。

当规则清晰明了时，每个人都有公平参与的机会。挑战不当的行为被视为是合理合法的。

当没有任何明确的规则时，挑战不当的行为可能被视为是不公平的并引来报复。

主动预防违反团队契约的行为

在团队契约中列出违规的后果有利有弊。

益处：事情变得透明；每个人都知晓和意识到违反团队契约的后果。

弊端：列明惩罚会让人产生负面感受，降低信任和在开始时就影响合作。想想心理学中的婚前协议悖论（Fisk and Tetlock, 1997；Pinker, 2008）：未婚妻或者未婚夫不愿去想他们即将开始的婚姻可能会以离婚结束。很多夫妻有充分的理由拒绝婚前协议：讨论惩罚的这个行为本身就好像他们未来就会受到惩罚，这会破坏婚姻的氛围。

建议：就惩罚的处理程序达成一致是更圆融的做法，比如，违规行为将由团队一事一议。

✘ 敏感而易怒的

反对

如果开会迟到，就不能进入房间

当出现不合规的行为时，错误要影响到奖金

遵循

任何攻击性行为都要报告给HR

违规行为将由团队一起讨论

✔ 圆融的

搜索关键词：高难度谈话、冲突解决技巧、HR纪律处分。

在团队契约中精准地 框定失败

对一个在创新实验室工作的团队和一个机场安保 团队而言，失败有着完全不同的含义。艾米·埃 德蒙森（2018）建议针对下面三种情境精准地框 定失败：

1. 大量的重复性工作。
2. 复杂的运营。
3. 创新和研究。

面对不同情境下的失败，应该持有不同的建设性 态度。右侧表格展示了每种情境下的示例。

	大量的重复性工作	复杂的运营	创新和研究
情境	• 组装厂 • 快餐店 • 物流 ⋮	• 医院 • 金融机构 • 社会服务机构 ⋮	• 拍一部电影 • 开发新能源 • 设计新产品 ⋮
面对失败的建设性态度	**最大限度地减少可预防的失败** 由于技能、注意力或者行为的缺失，偏离已有的流程所导致的失败	**分析和修正复杂的错误** 由意外事件、复杂的系统故障所导致的失败	**庆祝合理的失败** 由不确定性、试验和承担风险所导致的失败
期待的例子	培训所有新员工 每天最多出现一次不合格的交付	每周开展风险评估会 设立"总控室"，为每一次系统故障组建"攻坚团队"	庆祝和奖励失败的月度聚会 为每一个失败的试验改进设计

改编自：Amy Edmonson (2018).

3.2
事实探究

提出好问题来改进团队沟通。

有些时候，理解其他
团队成员和跟上他们
的逻辑挺难的。

事实探究使对话更清晰。

用事实探究进行澄清

事实探究建议用提问的方式使对话更清晰。提问可以给别人一个机会重新组织他们的想法，使之更精准和更易懂。

这一工具建立在一个简单的原则之上：以具体事实为基础的对话，强于以假设为基础的对话。开展以具体事实为基础的对话需要一些培训，因为我们非常容易忽略和歪曲信息。信息的歪曲是我们建构意义时所用的三层结构所导致的直接结果（Kourilsky, 2014）：

1. 感知：意义建构起始于我们感知到一种情况，或者我们有了一个体验。
2. 阐释：我们赋予情况一个解释、一个意义或者形成一个假设。
3. 评价：最终，对于感知到的这种情况，我们分享的是一个评价、一个判断甚至一个臆测。

混淆了这三层会让我们直接落入下面一个或者多个沟通陷阱：

1. 不完整的事实或体验：在描述中缺少细节。
2. 以偏概全：将个例变成普遍的情况。
3. 臆断：对于单一体验或者情况做出有所发挥的阐释、假设或者预测。
4. 限制：虚构出可能收窄了可选项的限制条件和义务。
5. 评判：对一件事、一种情况或者一个人的主观评价。

这些陷阱展示了心理学家称为一阶现实和二阶现实之间的差别。一阶现实是由我们的五类感官能关注到的一件事或者一种情况的物理存在。二阶现实是我们根据一阶现实产生的个人阐释（评判、假设和臆断等）。

例如，安可以说"我饿了"（事实的沟通，一阶现实），或者大声宣称"我们总是吃饭太晚"，这是用一个评判（二阶现实）来表达她饿了的事实。第二种表述会带来沟通的问题，引发冲突、阻碍并让对话走入死胡同（Kourilsky, 2014）。我们在争吵时，经常可以听到这样的表述。

通过帮助大家理解隐藏在模糊的二阶表述（二阶现实）背后的事实（一阶现实），事实探究使对话更高产和更高效。

事实探究有助于：

像高手一样探究——识别和克服常见的沟通陷阱。

获取更优质的信息和决策——澄清说了什么：其他人正在说什么，你正在说什么。

节省精力——参与到更短和更高效的对话中。

→

深入学习

希望了解更多有关事实探究的学术知识，可以阅读：

- 共有理解和共同图景（心理语言学），参见p.258。
- 信任和心理安全（心理学），参见p.266。

事实探究

臆断
有所发挥的阐释、
假设或者预测

听到	询问
"他或她想……"	什么让你意识到……
"他或她认为……"	你是如何知道……
"他或她不必 / 应该……"	什么证据显示……
"他或她喜欢……"	什么让你如此认为?
"你或他们……将会……"	
"业务 / 生活 / 爱情……将会……"	

限制
虚构出可能收窄了可选项的
限制条件和义务

听到	询问
"我必须……"	如果……可能会发生什么?
"我们不得不……"	什么在阻止你 / 我们?
"我不能……"	
"我不会……"	
"我们不应该……"	

不完整的事实或体验
在描述中缺少细节

听到	询问
"我听说……"	谁? 什么?
"他们说……"	什么时候? 在哪里?
"她看见……"	如何? 多少?
"我感觉……"	你能不能说得更细一点?
	你说的这个是什么意思?

完整的事实

一阶现实
一件事或者一种情况从物理层面
上可观察到的属性

以偏概全
将个例变成普遍的情况

听到	询问
"一直"	一直吗?
"从不"	从不吗?
"没人"	没有人吗?
"每个人"	每个人?
"人们"	人们?
	你确定吗?

评判
对一件事、一种情况或者一个人
的主观评价

听到	询问
"我是……"	什么告诉你……
"生活是……"	这是如何体现出来的?
"……是好的 / 不好的"	从什么角度看,这个是不能接受的?
"……是重要的"	你在想些什么?
"什么是简单的 / 困难的"	

二阶现实
对一阶现实的感知、
个性化解读

⊕Strategyzer

图解五类
沟通陷阱

他可以描述他自己的事实体验。

"昨天，我在本地的一家快餐店看见一个人吃了三个汉堡。"

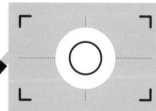

1

真实情况

伊万在当地的一家快餐店看见一个人吃了三个汉堡。

3

澄清问题

澄清问题帮助理解隐藏在个人阐释（二阶现实）后面的事实与体验（一阶现实）。这推动对话从"事实探究"画布中模糊与含混的灰色地带走向事实上的清晰，即中央的白色区域。

2

沟通陷阱

当伊万描述他的事实体验时，可能落入
这些陷阱之一。

臆断

*"昨天，我看见一个两周
没有吃饭的人！"*

以偏概全

"人们吃得真多。"

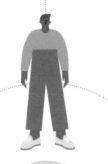

完整的事实

**不完整的事实
或体验**

"昨天，我看见一个人吃东西。"

限制

"需要禁止汉堡。"

评判

"吃三个汉堡是很不好的。"

实践应用

事实探究的应用有两个步骤：

1. 听到：识别陷阱——你听到的是一个臆断、一种限制、一种以偏概全的表述、一个评判，或者不完整的事实吗？
2. 询问：用推荐的澄清问题将对话带回到中心地带，即完整的事实。

澄清问题既是中性的——它们不传达任何形式的评判，又是开放的——它们不会引发非此即彼的封闭答案（是/否）。

澄清不完整的事实或体验

问题有助于进一步阐明事实。

听到
"我听说……"
"他们说……"
"她看见……"
"我感觉……"

询问
谁？什么？
什么时候？在哪里？
如何？多少？
你能不能说得更细一点？
你说的这个是什么意思？

澄清臆断

问题有助于解开因果关系。

听到
"他或她想……"
"他或她认为……"
"他或她不必/应该……"
"他或她喜欢……"
"你或他们……将会……"
"业务/生活/爱情……将会……"

询问
什么让你意识到……
你是如何知道……
什么证据显示……
什么让你如此认为？

设计师告诉我他们需要更长的时间。

你能说得再准确些吗？

我觉得如果我们在两天内收到材料，整个项目会延误两个月。

两天时间怎样导致两个月的延误呢？

澄清限制

问题有助于识别观点的产生原因或者结果。

听到
"我必须……"
"我们不得不……"
"我不能……"
"我不会……"
"我们不应该……"

询问
如果……可能会发生什么?
什么在阻止你/我们?

澄清以偏概全

问题有助于找到一个反例。

听到
"一直"
"从不"
"没人"
"每个人"
"人们"

询问
一直吗?
从不吗?
没有人吗?
每个人?
人们?
你确定吗?

澄清评判

问题有助于揭示评判背后的评价标准。

听到
"我是……"
"生活是……"
"……是好的/不好的"
"……是重要的"
"什么是简单的/困难的"

询问
什么告诉你……
这是如何体现出来的?
从什么角度看,这个是不能接受的?
你在想些什么?

我做不到,我们这儿从没这么干过,这不在我们的词典中。

当然,如果你能这么做,会发生什么呢?

风险太高了,每个人都如此沮丧。

每个人吗?

我们首先要达成我的目标,这很重要。

好,什么告诉你一定是这样的?

总结

沟通陷阱
询问澄清问题有助于……

不完整的事实和体验
在描述中缺少细节。
进一步阐明事实。

臆断
有所发挥的阐释、假设或者预测。
解开因果关系。

以偏概全
将个例变成普遍的情况。
找到一个反例。

限制
虚构出可能收窄了可选项的限制条件和义务。
识别观点的产生原因或者结果。

评判
对一件事、一种情况或者一个人的主观评价。
揭示评判背后的评价标准。

+

事实探究的来源

事实探究来自神经语言程序学（Neuro-Linguistic Programming，NLP），这是由约翰·葛瑞德（John Grinder）和理查德·班德勒（Richard Bandler）共同发展出来的一套心理治疗用的沟通方法。他们把这个框架取名为"元模型"。因为应用这个元模型的挑战非常大，领导力教练阿兰·凯罗尔（Alain Cayrol）在此基础上开发了一个更实用的版本，将其命名为语言罗盘。接着，法国的心理学家弗朗索瓦丝·库里斯基在语言罗盘的基础上加以改进和扩展，设计出事实探究。

搜索关键词：NLP、元模型、有力量的问题、清晰的问题

事实探究

臆断
有所发挥的阐释、
假设或者预测

听到　　询问
"他或她想……"　什么让你意识到……
"他或她认为……"　你是如何知道……
"他或她不必/应该……"　什么证据显示……
"他或她喜欢……"　什么让你如此认为？
"你或他们……将会……"
"业务/生活/爱情……将会……"

限制
虚构出可能收窄了可选项的
限制条件和义务

听到　　询问
"我必须……"　如果……可能会发生什么？
"我们不得不……"　什么在阻止你/我们？
"我不能……"
"我不会……"
"我们不应该……"

不完整的事实或体验
在描述中缺少细节

听到
"我听说……"
"他们说……"
"她看见……"
"我感觉……"

**完整的
事实**

询问
谁？什么？
什么时候？在哪里？
如何？多少？
你能不能说得更细一点？
你说的这个是什么意思？

一阶现实
一件事或者一种情况从物理层面
上可观察到的属性

以偏概全
将个例变成普遍的情况

听到　　询问
"一直"　一直吗？
"从不"　从不吗？
"没人"　没有人吗？
"每个人"　每个人？
"人们"　人们？
　　　你确定吗？

二阶现实
对一阶现实的感知、
个性化解读

评判
对一件事、一种情况或者一个人
的主观评价

听到　　询问
"我是……"　什么告诉你……
"生活是……"　这是如何体现出来的？
"……是好的/不好的"　从什么角度看，这个是不能接受的？
"……是重要的"　你在想些什么？
"什么是简单的/困难的"

Strategyzer

专业建议

根据场景调整澄清问题

在不同的背景和情况下调整用词，避免看起来像个机器人。事实探究中的一些问题会让谈话有一种不自然的感觉。

不要

只是重复书中的问题

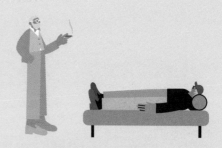

鼓励

根据背景和情况调整问题

停止辩解，节省精力

停止辩解，提出澄清问题。如果发现谈话开始变得冗长，人人都知道你在勉力辩解，就使用事实探究。这样做会节省每个人的时间和精力。

不要

在辩解上消耗精力

鼓励

提出澄清问题

提问时，避免使用封闭式问题

事实探究只包括开放式问题。开放式问题不会仅仅带来是或否的回答，而是可以帮助他人进一步思考。

不要

封闭式问题对探究没有帮助

鼓励

开放式问题打开了解他人思想的入口

事实探究的局限

过度使用事实探究可能会被视为冒犯和挑衅。事实探究主要用在你感到不明白或者觉得无法理解他人逻辑的时候。

不要

过度使用事实探究，会让你看起来像在挑衅

鼓励

主要用事实探究来澄清信息

3.3
尊重卡片

通过练习基本的礼貌技巧，展现对他人的尊重。

不，不，我在听呢。

缺少人际关系的分寸感，
会让团队工作进程更迟
缓，也更加艰难。

尊重卡片提供了用以对他人表达尊重和维
持相互尊重的氛围的方法。

尊重卡片

尊重卡片给出了重视他人以及表达尊重的方法。在准备会议或向以下这些人发送文字信息时，可以使用尊重卡片：

- 你不熟悉的人。
- 你没有太多自信面对的人，比如陌生人、不太熟的人、团队的新人或者上级。
- 与你有不同的文化背景的人。

使用尊重卡片可以展示我们有能力考虑他人的身份和感受（Brown，2015），并有助于在团队中创建心理安全水平更高与更和谐的氛围。

这一工具包括了两部分：
1. 展现你重视和关心他人的技巧（右侧）。
2. 通过尽量减少要求和降低冒犯他人的可能性来展示尊重的提示（左侧）。

尊重卡片源自面子和礼貌理论；所有的技巧都是为了避免在公众的面前让他人丢面子。重点关注的是语言；卡片上只介绍了少数有风险的行为，例如打断对方或者只谈论自己。

尊重卡片有助于：

以尊重他人的方式传递信息——带着尊重挑战现状。

重视他人——通过表达尊重和感谢。

避免无意的尴尬失态——当面对陌生人或者面对权威时。

→

深入学习

希望了解更多有关尊重卡片的学术知识，可以阅读：

- 信任和心理安全（心理学），参见 p.266。
- 面子和礼貌（心理语言学），参见 p.282。

尊重卡片 得体沟通的技巧

 被尊重的需求
展现尊重

询问而不是命令
你可以……

表达疑惑
我没想到你想要……

委婉地要求
如果可以……

表明给对方带来了妨碍
我想你一定很忙，但是……

说明苦衷
一般情况下我不会问，但是……

道歉
抱歉打扰你，但是……

说明有负于对方
如果你能……我会很感激。

使用敬称
先生、女士、小姐、教授、博士……

婉转表达
我在找一支笔。

请求原谅
你一定要原谅我，但是……
我能借用一下你的笔吗？

软化要求
我只是想问你，我可以使用你的笔吗？

让多人承担责任
我们忘了告诉你，昨天你们就应该预订自己的飞机票了。

犹豫
嗯，我能……

不针对个人
这里不允许吸烟。

有风险的行为
直接命令
打断
警告对方
禁止
威胁
建议
提醒
忠告

被重视的需求
表达认可

感谢
实在太感谢你了。

祝福
保重，希望你今天过得愉快。

探寻
你还好吗？讲来如何？

赞美
汗衫真漂亮。

预感
你一定饿了吧。

建议
多加注意。

昵称
我的朋友、小伙伴、哥们儿、伙伴、亲爱的、亲、兄弟、大伙儿……

征求一致
你知道吗？

关怀他人
你一定饿了。早饭到现在已经很长时间了。吃点午餐可以吗？

避免否定
A：你不喜欢吃这个？
B：没有，我喜欢吃。嗯，一般我不吃这个，但是这个很好吃。

假定同意
所以，你准备什么时候来看我们？

婉转表达观点
你真应该想办法更努力一点。

有风险的行为
羞辱
否定
忽视
公开批评
蔑视、取笑
只谈论自己
触及禁忌话题
辱骂、指责、抱怨

Strategyzer

尊重
使用这些"社交场上的刹车"
避免失言和展现尊重。

认可
使用这些"社交加
速器"重视他人。

尊重卡片 得体沟通的技巧

被尊重的需求
展现尊重

询问而不是命令
你可以……

表达疑惑
我沒想到你想要……

委婉地要求
如果可以……

表明给对方带来了妨碍
我想你一定很忙，但是……

说明苦衷
一般情况下我不会问，但是……

道歉
抱歉打扰你，但是……

说明有负于对方
如果你能……我会很感激。

使用敬称
先生、女士、小姐、教授、博士……

婉转表达
我在找一支笔。

请求原谅
你一定要原谅我，但是……
我能借用一下你的笔吗？

软化要求
我只是想问你，我可以使用你的笔吗？

让多人承担责任
我们忘了告诉你，昨天你们就应该预订自己的飞机票了。

犹豫
嗯，我能……

不针对个人
这里不允许吸烟。

有风险的行为
直接命令
打断
警告对方
禁止
威胁
建议
提醒
忠告

如何展现尊重

√

保住面子

间接请求有助于减少对方因被移除目标而
产生的被迫感。

×

没有保住面子

直接要求被看作一种命令。团队可能感到
被冒犯。

如何表达认可

√

保住面子

通过表达认可来传达要求。

×

没有保住面子

以一种批评或评判的方式传达要求。

被重视的需求
表达认可

感谢
实在太感谢你了。

祝福
保重，希望你今天过得愉快。

探寻
你还好吗？进展如何？

赞美
汗衫真漂亮。

预感
你一定饿了吧。

建议
多加注意。

昵称
我的朋友、小伙伴、哥们儿、伙伴、亲爱的、亲、兄弟、大伙儿……

征求一致
你知道吗？

关怀他人
你一定饿了。早饭到现在已经很长时间了。吃点午餐可以吗？

避免否定
A: 你不喜欢吃这个？
B: 没有，我喜欢吃。嗯，一般我不吃这个，但是这个很好吃。

假定同意
所以，你准备什么时候来看我们？

婉转表达观点
你真应该想办法更努力一点。

有风险的行为
羞辱
否定
忽视
公开批评
蔑视、取笑
只谈论自己
触及禁忌话题
辱骂、指责、抱怨

如何应用尊重卡片

准备一次口头或书面的沟通

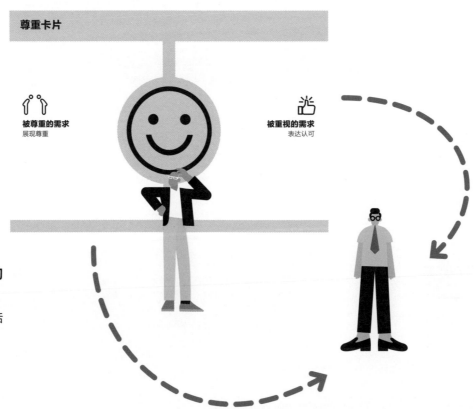

尊重卡片

被尊重的需求
展现尊重

被重视的需求
表达认可

1

**我的需求是什么？他人的
需求呢？**

在与他人见面或给对方写一段话
前，先考虑对方的需求。

2

在讲话或写作前，在尊重卡片左右两个部分中寻找灵感。

浏览技巧，寻找提示；
挑选并使用最恰当的。

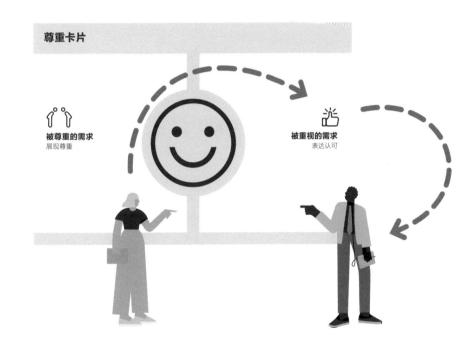

尊重卡片

被尊重的需求
展现尊重

被重视的需求
表达认可

专业建议

礼貌有赖于情境、社会背景和文化

思虑周到要有鉴别力。

例如，一句简单的"谢谢"可以被理解为礼貌或
是讽刺。

礼貌

谢谢。

讽刺

谢谢。

敏感话题适合私下交流

如果你或他人正处在众人的热议中，那么这时适
合安排私下会面，这样每个人都会更自在些。公
开羞辱或使之处于尴尬境地会触发怨恨，引发
报复。

私下

我很惊讶！

公开

太让我惊讶了！

尊重卡片并不适用于所有情境

紧急情况要求直截了当的指示；当事情相当紧迫时，礼貌的言语对协作而言相当低效。

直接要求
带上灭火器！

委婉要求
我想你是不是可以将灭火器递给我？

从一个极端到另一个极端

粗鲁或过度礼貌都被认为是消极和不恰当的行为（Locher and Watts，2008）。

粗鲁
做得太差了。

过度礼貌
殿下，如果您能设想一下，请原谅我敢于向您请求帮我一个微不足道的小忙，我将永远感激不尽。

3.4
非暴力请求指南

建设性地管理异议，解决潜在的冲突。

去告诉他哪里出错了。这件事情我们都站在你这边。

对异议管理不善可能会损害人际关系，造成无法弥补的损失。

非暴力请求指南有助于建设性地管理异议，化解冲突。

非暴力请求指南

非暴力请求指南有助于以建设性的方式表达不满。这个指南是一个简化的版本，它以心理学家马歇尔·卢森堡发展出来的非暴力沟通（NVC）原则为基础。他写道："当我们通过使用评价、阐释或者图像间接地表达我们的需求时，在他人听起来可能就是一种批评。同时，当人们听到任何像是批评的语言时，他们会倾向于将能量投入到自我保护或者反击中。"（Rosenberg，2003）

通过使用一个非评判式请求的结构，可以表达不同意见，但不会令他人有被攻击的感受；这样会为移情对话和冲突化解创造一个机会。

非暴力沟通是一个强有力的框架，也是微软文化变革和产品复兴背后的核心工具之一。当萨提亚·纳德拉（Satya Nadella）成为公司的CEO之后，他早期的行动之一就是邀请高层管理者阅读卢森堡的作品（McCracken，2017）。

非暴力请求指南有助于：

建设性地表达不同意见——分享你的观点，而不带有指责和批评。

化解冲突——创造双赢的条件。

增强关系——有助于建立更安全的团队氛围。

→

深入学习

希望了解更多有关非暴力请求指南的学术知识，可以阅读：

- 非暴力沟通（心理学），参见p.250。
- 信任和心理安全（心理学），参见p.266。

非暴力请求指南

感受 当需求没有得到满足时的负面感受

恐惧、害怕的
忧虑的、疑虑的
获得资格的
有不祥预感的
惊慌的
不信任的
惶恐不安的
吓呆了的
担心的、著忙的
感觉可疑的
极度害怕的
担忧的、焦虑的

生气、烦恼的
烦人的
惊讶的、惊慌的
不满的、失望的
不满足的
极沮丧的、被激怒的
挫败的
不耐烦的
懒大的
被激怒的、恼火的

生气、愤怒的
触怒的、异常愤怒的
非常愤怒、义愤的
大怒的、极愤怒的
愤慨的、义愤的
极其愤怒的
暴怒、狂怒的
震惊的、愤慨的
愤恨的、气愤的

厌恶、反感的
憎恶的
震惊的、厌恶的
厌烦的
恶心的
不喜欢的
讨厌、仇恨的
憎恨的
敌对的、强烈反感的
厌恨、反感的

困惑的
喜忧参半的
难以捉摸的
不知所措的
茫然的

犹豫的
迷失的、一筹莫展的
困惑不解的
迷茫的
无法理解的
迷路的、迷惘的
举棋不定的、犹豫
不决的

分离的
疏远的、离间的
冷淡的
淡漠的
厌倦的
冷漠的
超然的、不带感情的
不在乎的
麻木的、迟钝的
不相干的
不感兴趣的
孤独的、沉默寡言的

忧虑、不安的
担忧的
完全抓狂的、混乱的
心神慌乱的
紧张的、心神不定的
忐忑的、惶恐失措的
烦躁不安的
震惊的
害怕的
吓了一跳、惊吓的
恐惧的
困扰的
动荡不安的
不安稳的
不舒服的、难受的
精益的
喜不自胜的、不安稳的
紧张不安的、失去
心绪不宁的、不镇
静的
躁动的、沮丧的

羞愧的
羞愧的
惭愧的
愧疚的
沮丧的、苦恼的
惭愧的、羞愧的
失望的
局促不安的、不自
然的

紧张的
焦虑的
坐立不安的、易怒的
烦乱的、忧虑的
忧心忡忡的
紧张、烦躁不安的
敏感易怒的
躁乱的
紧张不安、心神不
宁的
心烦意乱、压抑的
没有着落的、缺乏
信心的
抽搐的
内向的、含蓄的
神经过敏的、易被
惹怒的

痛苦的
极其痛苦的
痛苦不堪、伤心欲
绝的
失去亲友的
极度悲伤、伤痛难
忍的
悲伤的
心碎的
受伤的
孤独的
遗憾的、懊悔的
懊恼的、悔恨的

渴望、向往的
羡慕的
嫉妒的
渴望的
怀旧的
思念的、想念的
伤感的、阴怅的

疲劳的
难以解决、被疲惫
精疲力竭的
精力耗尽的
疲惫不堪的
无精打采的、懒洋
洋的；昏昏欲睡的
萎靡的、倦怠的
涣散的、瞌睡的
累的
疲倦的、疲惫的
累坏了的

伤心的
抑郁的、意志消沉的
垂头丧气的
悲凉的
沮丧的、苦恼的
悒悒的
失望的
挫败的、灰心的
心灰意冷的、气馁的
孤苦伶仃的、孤独
凄凉的
悲戚的
非常悲伤的
无望的
令人悲哀的
不开心的
悲惨的、可怜的

易于受伤的、脆弱的
虚弱的
脆弱的
无助的
没把握的、缺乏
信心的

当你
_____时
观察

我感到
_____
感受

因为我需要
_____
需求

你是否愿意
_____？
请求

需求

人际关系
接纳
喜爱、疼爱
欣赏、感激
归属
协作
交流
亲密
社群、共享
友情
情谊、怜悯
体谅、周到
前后一致、稳定
同理心
包容
亲密、深切
爱
相互关系
滋养、扶持
尊重和自尊
安全
稳定
支持
了解和被了解
看见和被看见
信任
温暖

身体康健
空气
食物
行动/运动
休息/睡眠
安全
住所
触碰
水

诚实
真诚
正直
临在

玩
乐趣
幽默

安宁
美
交融
舒适
公和谐
散发、焕发
抚养

自主
选择
自由
独立
空间
自然、率性

意义
觉察
生命礼赞
清晰
能力
意识
贡献
创造性
发现、探索
效能
成长
学习
希望
哀悼
参与
目的
表达自我
物滋和激
理解

造句指南

一张可以帮你更精确地
描述未得到满足的需求
和由此产生的负面感受
的清单。

请求

一个准备非暴力请求的
模板。

Strategyzer

实践应用

非暴力请求的声明是由四个连续的部分组成的
（Rosenberg，2003）：

书中的指南给出了一个拟定请求的模板，以及一
张由非暴力沟通中心设计的清单，便于更精准地
表达感受和需求。

如何提出一个非暴力请求？
1. 当你【观察】时，
2. 我感到【感受】。
3. 因为我需要【需求】，
4. 你是否愿意【请求】？

例如：

"你有说过谢谢你吗？"

非暴力请求的声明：

1. 当你【*夸奖团队中除我之外的所有人*】时，

2. 我感到【*失望*】。

3. 因为我需要【*我的工作得到认可*】，

4. 你是否愿意【*帮我理解一下我有什么地方做得
不好吗*】？

改编自：卢森堡（2003）。

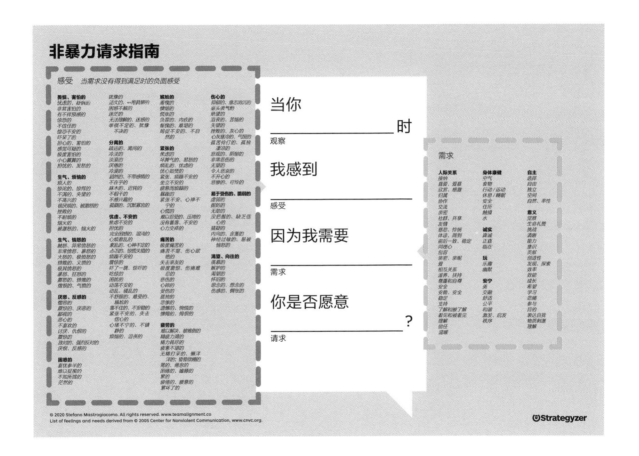

攻击VS
非暴力请求

攻击	你总是迟到！ 我没有办法相信你了！	我是唯一在这儿干活的人吗？	会开完了吗？ 我还有工作要做。
情景	**工作逾期**	**工作负担过重**	**出席会议**
	• 当你【最后一分钟才告诉我你还没完成自己的工作】时，	• 当你【让我对所有这些目标负责】时，	• 当你【要求我参加你的团队的所有会议】时，
	• 我感到【非常愤怒】。	• 我感到【应接不暇，因为所有好的设计都需要时间】。	• 我感到【累得慌】。
	• 因为我需要【你遵守之前我们有关截止日期的承诺】，	• 因为我需要【保证工作的质量】，	• 因为我需要【高效率，因为我还要支持其他五个团队】，
	• 你是否愿意【在出现问题的时候提前告诉我】？	• 你是否愿意【帮我理解优先次序是什么】？	• 你是否愿意【只在发生重大变化时，才邀请我参加】？

你自己做吧!

这里没人真的在乎我!

你就是一个官僚主义者……

缺少背景信息

- 当你【*要求我拯救他们的项目*】时,

- 我感到【*恐慌,因为我自己的工作已经饱和了*】。

- 因为我需要【*清晰度*】,

- 你是否愿意【*帮我理解一下全局*】?

激励

- 当你【*告诉我,我的项目突然被砍掉*】时,

- 我感到【*伤心*】。

- 因为我需要【*做一些有意义的工作*】,

- 你是否愿意【*帮我理解是什么让你做出这样的决定*】?

规则和流程

- 当你【*要求我遵循这样耗时的流程*】时,

- 我感到【*精疲力竭,因为我真的没有时间*】。

- 因为我需要【*高效能*】,

- 你是否愿意【*帮我理解为什么这样做如此重要*】?

专业建议

什么时候引入第三方？

如果冲突加剧，引入第三方来化解可能是个不错的选择。第三方可以担当调解人的角色：他们的中立地位和外部视角可能有助于找到更好地化解冲突的步骤。

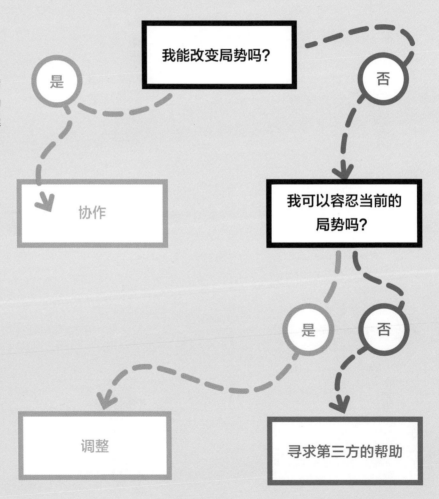

Adapted from Kahane (2017).

非暴力沟通帮助我们改善内在对话

NVC可以帮助我们改善自己内在对话的质量，减少自我评判，找到更好的叙事方式并向前推进。

例如：
"我加入公司时，有关薪酬的沟通做得很糟糕。"

非暴力沟通的声明：

1. 当我【*发现自己的工资在团队中最低*】时，

2. 我感到【*沮丧*】。

3. 因为我需要【*我的能力得到认可，并得到公平的回报*】，

4. 我期望可以【*给自己足够的时间做准备，带着坚实论据去谈谈增加工资的事*】。

非暴力沟通帮助我们应对不良的人际关系

不良的人际关系是指需要付出比预期多得多的努力才能维系的那些关系。从志不同道不合，到合不来个性，如果能有选择，我们宁愿快速切断这些关系。使用非暴力沟通作为第一步，来释放压力和保持自己的心理健康。

非暴力请求指南的起源

一种处理非暴力互动的变革性方法

马歇尔·卢森堡（1934-2015）是一位美国心理学家，他探讨了暴力的原因以及如何减少暴力。他观察到，当我们缺乏描述不满情感的技能时，我们往往会发出徒劳无益的评判和批评（在NVC中被称为"评价"），而这些会被对方认为是对他的攻击。例如我们可能会说，"你对我撒谎"或"你不负责任"，这两种说法都被认为是一种攻击，而我们真正想表达的是"我很失望，因为你答应我今天会完成这项工作"。

在20世纪60年代，卢森堡在公立学校中开发并开始使用NVC来提高调解和沟通技巧。随后，他于1984年成立了非暴力沟通中心。这是一个国际和平组织，在全世界60多个国家提供非暴力沟通的培训和支持。要进一步了解更多有关这个强大框架的信息，请访问非暴力沟通中心的网站 www.cnvc.org。

当需求没有得到满足时的感受

畏惧、害怕
忧虑的、疑惧的
非常害怕的
有不祥预感的
惊恐的
不信任的
惶恐不安的
吓呆了的
担心的、害怕的
感觉可疑的
极度害怕的
小心翼翼的
担忧的、发愁的

生气、恼怒的
触怒、异常愤怒的
非常愤怒、暴怒的
大怒的、极愤怒的
愤慨的、义愤的
极其愤怒的
暴怒、狂怒的
震怒的、愤慨的
憎恨的、气愤的

生气、烦恼的
烦人的
惊诧的、惊愕的
不满的、失望的
不高兴的
极厌烦的、被激怒的
挫败的
不耐烦的
恼火的
被激怒的、恼火的

厌恶、反感的
憎恶的
震惊的、厌恶的
鄙视的
恶心的
不喜欢的
讨厌、仇恨的
震惊的
敌对的、强烈反对的
厌恨、反感的

困惑的
喜忧参半的
难以捉摸的
不知所措的
茫然的
犹豫的
迷失的、一筹莫展的
困惑不解的
迷茫的
无法理解的、迷惑的
举棋不定的、犹豫不决的

分离的
疏远的、离间的
冷淡的
淡漠的
厌倦的
冷漠的
超然的、不带感情的
有距离感的
心神不定的、心不在焉的
不在乎的
麻木的、迟钝的
不相干的
不感兴趣的
孤僻的、沉默寡言的

忧虑、不安的
焦虑不安的
担忧的
完全困惑的、混沌的
不安的、慌张的
心烦意乱的
紊乱的、心神不定的
忐忑的、惊慌失措的
烦躁不安的
震惊的
吓了一跳、惊吓的
吃惊的
困扰的
动荡不安的
动乱的、骚乱的
不舒服的、难受的、尴尬的
靠不住的、不安稳的
紧张不安的、失去信心的
心绪不宁的、不镇静的
烦恼的、沮丧的

尴尬的
羞愧的
懊恼的
慌张的
负罪的、内疚的
惭愧的、难堪的
局促不安的、不自然的

疲劳的
难以解决的、被难倒的
精疲力竭的
精力耗尽的
疲惫不堪的
无精打采的、懒洋洋

的；昏昏欲睡的
蔫的、倦怠的
困倦的、瞌睡的
累的
疲倦的、疲惫的
累坏了的

痛苦的
极度痛苦的
痛苦不堪、伤心欲绝的
失去亲友的
极度震惊、伤痛难忍的
悲伤的
心碎的
受伤的
孤独的
悲惨的
遗憾的、惋惜的
懊悔的、悔恨的

伤心的
抑郁的、意志消沉的
垂头丧气的
绝望的
沮丧的、苦恼的
失望的
挫败的、灰心的
心灰意冷的、气馁的
孤苦伶仃的、孤独凄凉的
悲观的、阴郁的
非常悲伤的
无望的
令人悲哀的
不开心的
悲惨的、可怜的

紧张的
焦虑的
坏脾气的、易怒的
烦乱的、忧虑的
忧心如焚的
紧张、烦躁不安的
坐立不安的
疲意而烦躁的
暴躁的
紧张不安、心神不宁的
心慌的
难以忍受的、压垮的
没有着落、不安的
心力交瘁的

易于受伤的、脆弱的
虚弱的
提防的
无助的
没把握的、缺乏信心的
猜疑的
内向的、含蓄的
神经过敏的、易被恼怒的
不牢靠的、没把握的

渴望、向往的
羡慕的
嫉妒的
渴望的
怀旧的
思念的、想念的
伤感的、惆怅的

感受与需求清单©2005来自非暴力沟通中心

当需求得到满足时的感受

充满深情的、表达爱的

怜悯的、慈悲的
友好的
有爱的、钟爱的
诚恳的、和善的
同理的
温柔的
温暖的

融入、投入的
沉浸、专心致志的
机敏的、警觉的
好奇的
全神贯注的
着迷的
出神的
被吸引的
感兴趣的
好奇的、有兴趣的
投入的、参与的
出神的、入迷的
刺激的

满怀希望的
期待的
鼓舞的、信心倍增的
乐观的

自信的
被赋能的
开放的
自豪的
安全的
安心的、有把握的

兴奋的
惊奇的
热烈、生机勃勃的
热切的、热情的
振作的
目瞪口呆的
眼花缭乱、目眩的
渴望的
能量充沛的
热情的
忘乎所以的
精神焕发的
活泼的
热情的
吃惊的
充满活力的

感恩的
欣赏的、感激的
感动的
感谢的
受感动的、感激的

激励的
惊奇的
敬畏的
神奇、奇妙的

喜悦的
好笑的
愉悦的
高兴的
快乐的
喜庆、欢欣的
满意的
开心的、好玩的

兴高采烈的
幸福的、极快乐的
欣喜若狂的
兴高采烈的
着迷的
热情洋溢的
容光焕发的
欢天喜地、狂喜的
激动的、非常兴奋的

安宁的
平静的
头脑清醒的
舒适的
冷静的、理智的
满足的
平心静气的
圆满的
老练的
安静的
放松的
宽慰的
满意的
安详的
寂静的
静谧的
信任的

精神振作的
使其生机勃勃的
焕然一新、恢复活
力的
重新振作的
休憩后精力充沛的
恢复的
复活的

需求

人际关系
接纳
喜爱、爱慕
欣赏、感激
归属
协作
交流
亲密
社群、共享
友情
慈悲、怜悯
体谅、周到
前后一致、稳定
同理心
包容
亲密、亲昵
爱
相互关系
滋养、扶持
尊重和自尊
安全
安稳、安全
稳定
支持
了解和被了解
看见和被看见
理解和被理解
信任
温暖

身体康健
空气
食物
行动/运动
休息/睡眠
安全
住所
触摸
水

诚实
真诚
正直
临在

玩
乐趣
幽默

安宁
美
交融
舒适
公平
和谐
激发、启发
秩序

自主
选择
自由
独立
空间
自然、率性

意义
觉察
生命礼赞
挑战
清晰
能力
意识
贡献
创造性
发现、探索
效率
效能
成长
希望
学习
悲痛
参与
目的
表达自我
物质刺激
理解

深入学习

探索本书和工具背后
的科学原理

概览

这本书介绍的相关工具是<u>多学科</u>整合的成果。

在本章中，你可以发现每种<u>工具</u>背后的相关<u>学术研究</u>。

工具背后的
科学

书中所有工具的设计都借助了精益用户体验设计循环的设计方法，借鉴了相关社会科学研究的概念框架，用来解决当下的管理问题。这些社会科学包括心理语言学、进化人类学和心理学。把这些理论概念转化为可运用的工具历经数十次迭代，这些工具在未来还会有机会继续演化。

前台工具

团队对齐画布

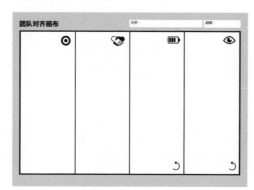

团队契约

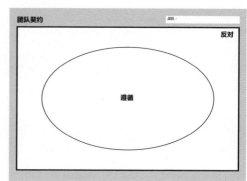

后台的学术知识

共有理解和共同图景
（心理语言学），参见p.258

关系类型
（进化人类学），参见p.274

信任和心理安全
（心理学），参见p.266

思考

检验

实现

精益用户体验
设计循环

事实探究

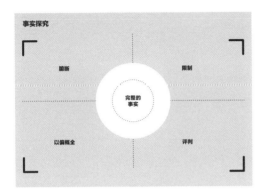

尊重卡片

非暴力请求指南

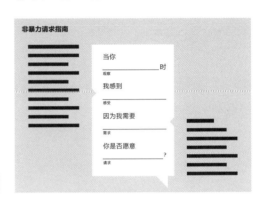

面子和礼貌

（心理语言学），参见p.282

非暴力沟通

（心理学），参见p.250

4.1
共有理解和共同图景

有关我们如何理解彼此，心理语言学家们有何发现。

团队的共同图景是什么?

简单来说,共同图景就是团队中的每个成员知道其他成员知道的内容。共同图景、共同知识、共享理解或者共有理解等概念是由心理语言学家赫伯特·克拉克提出,并进一步被心理语言学家史蒂芬·平克发展起来的。人们使用语言协调共同的行动。团队成员是相互依赖的,因为在一起工作时,他们需要彼此才能获得成功。这种相互依赖性要求每个人去解决协同的问题,因为每个人都需要不断地对齐自己和他人的贡献。关于这点,克拉克描述为:团队成员需要在一定层面上建立和保持足够的共同基础以开展共同的行动:所有人共享的一套知识、信念和假定。这些关乎相互预测:团队成员必须可以成功地预测其他人的行为和行动,以便协调和达成团队期望的目标。

如何创建和保持团队的共同图景?答案是,借助语言的使用和沟通。从克拉克的视角看,这是沟通存在的原因——通过沟通,我们可以创建共同图景,帮助我们实现协同。当有共同图景的时候,团队成员就可以成功地预测他人的行为,这样的协同就会比较少出现意外。换句话说,团队会遇到比较少的执行问题,因为他们已经对齐每个人的贡献了。协同的每次意外都发生在团队成员之间无法理解对方所做的事情时。克莱因(2005)也提到,下面这些情况会导致共同图景的损毁:不清楚下一步需要做什么,谁做什么。导致项目失败的因素,比如不完整的需求,缺少使用者的参与,不现实的期望,缺少支持或者需求变更都可以被解释为缺少共同图景的一种表现。创建和维持足够的共同图景、共同知识或者共有理解可以为成功的团队工作提供保障。

成功的团队工作

高效的协同

相关的共同图景

成功的对话

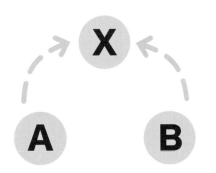

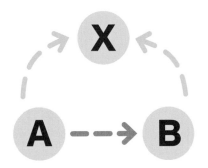

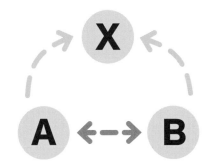

个体的知识

所有人都知道一些事情，但是
每个人并不知道其他人也知道。

- A知道X。
- B知道X。

举例

- 安知道马路上有一个人在走路。
- 鲍勃知道马路上有一个人在走路。
- 安不知道鲍勃知道这件事。
- 鲍勃也不知道安知道这件事。

共享的知识

所有人都知道一些事情，但是只
有一些人知道其他人也知道。

- A知道X。
- B知道X。
- A知道B知道X。
- B不知道A也知道X。

举例

- 安知道马路上有一个人在走路。
- 鲍勃知道马路上有一个人在走路。
- 安知道鲍勃知道这件事。
- 鲍勃不知道安知道这件事。

共同图景、共同知识
或者共有理解

所有人都知道一些事情，同时
都知道其他人也知道。

- A知道X。
- B知道X。
- A和B都知道对方也知道X。

举例

- 安知道马路上有一个人在走路。
- 鲍勃知道马路上有一个人在走路。
- 安和鲍勃都知道对方也知道这件事。

J. De Freitas, K. Thomas, P. DeScioli, and S. Pinker, "Common Knowledge, Coordination, and Strategic Mentalizing in Human Social Life," Proceedings of the National Academy of Sciences *116, no. 28 (2019): 13751–13758.*

打造共同图景

共同图景的累积是一个社会化和认知的过程，赫伯特·克拉克称之为"筑基过程"。这个过程让两个或者多个人通过相互发出下面两种信号，来创建和确认共有理解，一种是理解达成的信号，一种是还存在误解，还需要更多的互动才能成功达成共有理解。

1

理解达成的信号

当人们发出一些语言或者非语言的，表示共有理解的正向信号时，这代表已经达成共有理解。

在一个对话中，正向信号包括：

- 点头："哦""我理解了""嗯"。
- 接话：接着另外一个人的话继续说下去。
- 回应：回复一个问题。
- 举例：对于刚刚说到的内容举出一个例子。

这个筑基过程通过在同一时间三个并发的活动一起展开或者逐层展开。说的人和听的人必须一起按顺序走完这三个虚拟的阶梯。

1. **专注**：说的人发出声音和做出姿势，听的人必须专注于这些声音和姿势。
2. **感知**：说的人必须把声音和姿势组成信息，听的人必须识别这些信息。
3. **理解**：说的人必须在信息中表达一些意义，听的人必须正确理解这些意义。

2

还存在误解的信号

当事情不清晰的时候，会出现下面代表还存在误解或者没有被理解的信号：

- 犹豫："呃"。
- 重组："如果我理解正确……""你的意思是……"等。
- 澄清：提出好的澄清问题，例如使用事实探究上的问题。

这些修复机制可以为建立共有理解创造新的机会。

+

提问、倾听和复述
一个推动共有理解的简单方式是复述他人刚刚说过的话并确认理解正确。

筑基过程

说和听本身就是一个共同活动，就像跳华尔兹或者双人弹钢琴。活动的每一步都需要双方积极参与，这样才能成功地建立共有理解并创建共同图景。

听

共同图景

说

理解意义　　　**3. 理解**　　　表达意义

识别信息　　　**2. 感知**　　　组成信息

专注于声音和姿势　　　**1. 专注**　　　发出声音和做出姿势

沟通渠道对创建共同图景的影响

在创建共同图景上，不是所有的沟通渠道都有相同的影响（Clark and Brenan, 1991）。面对面交流依然是最有效的沟通方式，其次是视频会议，这种方式在最大限度上扫除远程沟通的障碍，并带来了沉浸式的体验。当需要人们极其高效的时候，本地任务团队、作战室和危机处理小组依然展现出人与人面对面交流，进而快速创建共同图景的重要性。

其他的所有渠道与面对面交流相比都展现出一些沟通障碍，比如，缺少非语言的信息和相关背景信息，信号差，存在延时或者在接收到一封模棱两可的邮件时，无法及时获取进一步的解释。这些障碍可能严重地降低我们创建共同图景和作为一个团队进行协作的能力。

实时沟通

当团队需要快速创建一个牢固的共同图景时，建议采取面对面交流、视频会议或者电话会议的沟通形式，例如：

- 启动新的活动或者项目。
- 解决问题。
- 进行创造性的任务。

异步沟通

当需要提供新的信息时，可以使用电子邮件、沟通群组和其他异步沟通的媒介，例如：

- 通知相关变化。
- 共同编辑文档。
- 分享最新情况。
- 汇报进展。

不同媒介的沟通效果

+

一个面对面的请求
得到正向回应的概
率比使用电子邮件
高33倍。

*Vanessa K. Bohns,
Harvard Business
Review, April 2017*

*改编自：Media Richness Theory,
https://en.wikipedia.org/wiki/
Media_richness_theory*

面对面交流　　视频会议　　电话会议　　有特定收件人的
信件、电子邮件
和报告　　短信　　没有特定收件人
的 垃 圾 邮 件 和
海报

4.2
信任和心理安全

深入了解艾米·埃德蒙森的研究。

什么是心理安全？它能帮助团队表现得更为出色吗？

根据艾米·埃德蒙森的研究，心理安全是"相信在团队中是安全的，是可以进行人际上的风险尝试的。团队成员可以说出自己的想法、提出问题、表达顾虑或者指出错误，而不怕受到惩罚或者羞辱"。当团队氛围安全的时候，团队成员不怕发声；他们可以全情投入到建设性对话中，这些对话能培育积极主动的学习行为，这是理解外部环境、理解客户以及共同解决问题所必需的。

解决复杂问题是当前处于前沿的公司赖以生存的关键，这要求持续的试验和创新：在把事情做对之前的阶段，团队会经历各种挫折和犯下各种错误，这也是所谓商业创新的基础。

在不确定性面前，心理安全的团队被推入业绩螺旋，在这里错误并不被看作失败，而是一种试验和学习机会。创建安全感不是对每个人都客客气气或者降低绩效标准，而是创造一种开放的文化，在其中，团队成员可以分享学习到的东西，说话、做事更加直接，敢于冒险，敢于承认"搞砸了"，当出现让他们挠头的情况时，也愿意寻求帮助。

在谷歌的顶级团队中，人们觉得心理安全是足够的，这让他们敢于发言、合作和一起尝试。由谷歌人力资源团队展开的一项大型内部研究表明，心理安全是推动高绩效团队工作的关键因素。

在当今易变、不确定、复杂和模糊（VUCA）的世界里，对于每一家期望留在激烈竞争的国际赛场上的公司，如何创建一个充满心理安全的环境必须成为管理上优先考虑的事项。

正如埃德蒙森提到的，心理安全不是客客气气或者降低绩效标准。每一个团队都会发生冲突，但是心理安全可以让冲突的能量转换为更有产出的互动，比如建设性的意见分歧、开放的想法交换，以及从不同的视角中学习。同样，心理安全也不是通过降低绩效标准来营造舒适的环境，让人们感觉到个人层面上没有责任感。心理安全和绩效水准是彼此独立但同等重要的两个维度，要达成高绩效，二者缺一不可。（Edmondson，2018）

*A. C. Edmondson,*The Fearless Organization: Creating Psychological Safety in the Workplace for Learning, Innovation, and Growth *(John Wiley & Sons, 2018).*

心理安全和商业表现

要具备高度的心理安全和达成高绩效标准，才能进入学习区，成就卓越团队绩效。

舒适区

团队成员享受在一起工作，但是工作没有挑战，也看不到要迎接更多挑战的理由。

学习区

每个人都可以相互协作、相互学习，完成复杂的创造性工作。

冷漠区

人在心不在。大部分能量花在让每个人生活得更悲惨上。

焦虑区

这也许是最糟的工作区域，人们几乎只能依靠自己去满足高绩效标准和期望，因为他们对同事心存疑虑和感觉焦虑。

心理安全

绩效标准

改编自：Amy Edmondson.

如何快速评估心理安全?

p.271中的7个问题可以帮助我们发现哪里做得好,哪里需要改进。我们建议在同一级别的团队成员间开展这个评估,避免带有偏见的回复,评估流程如下:

1. 个人打分
每个人用两分钟回答7个问题并计算自己的分数。

2. 分享个人得分
和团队成员分享自己的分数。

3. 讨论和研究差距
对问题逐一进行开放式讨论,理解不同的看法。

4. 就可能的行动达成一致
如果找到有需要改进的领域,请就针对性的解决方案达成一致。

		强烈不同意	不同意	部分不同意	无法评价	部分同意	同意	强烈同意	**你的得分**
1. 从错误中学习	如果你在这个团队中犯错，通常会对你造成不利。	7	6	5	4	3	2	1	
2. 建设性冲突	团队成员可以把问题，甚至是棘手的议题拿出来讨论。	1	2	3	4	5	6	7	
3. 从多元化中受益	团队成员有时会因为差异而排斥他人。	7	6	5	4	3	2	1	
4. 鼓励探索	在团队中冒险是安全的。	1	2	3	4	5	6	7	
5. 相互支持	很难向团队中其他人寻求帮助。	7	6	5	4	3	2	1	
6. 紧密合作	团队中没有人故意贬低你的努力。	1	2	3	4	5	6	7	
7. 最大贡献	和这个团队的成员在一起工作时，你独特的技能和才能会得到重视和发挥。	1	2	3	4	5	6	7	

总分

+

一般来说，总分在40分之上可以被看成较好的分数。

改编自：Amy Edmondson, 1999.

信任、心理安全和类似概念的区别

心理安全

团队成员相信在团队中是安全的，是可以进行人际上的风险尝试的。团队成员可以说出自己的想法、提出问题、表达顾虑或者指出错误，而不怕受到惩罚或者羞辱。

+

心理安全是一种团队氛围，是在团队层面的体验（Edmondson，2018）；它描述了当承担风险的时候，一个人相信团队中其他人暂且相信他的程度。（Edmondson，2004）心理安全涉及信任，但是超出了信任的范畴。

改编自：Frazier et al. (2017).

授权

这是当员工可以掌控自己的工作时，他们所感知到的一种动力十足的状态。（Spreitzer，1995）。

全情投入

这是当把自己的资源和精力投入自己的工作和任务时,个体所感知到的一种状态(Christian,Garza,and Slaughter,2011;Kahn,1990)。

信任

这是指,当面对他人的行动时,个体愿意展现脆弱。(Mayer,Davis,and Schoorman,1995)。

+
信任是两个人之间的一种互动体验。
一个人可能信任一个成员,但不相信另
一个成员(Edmondson,2019)。

4.3
关系类型

从进化人类学的视角看待这一主题。

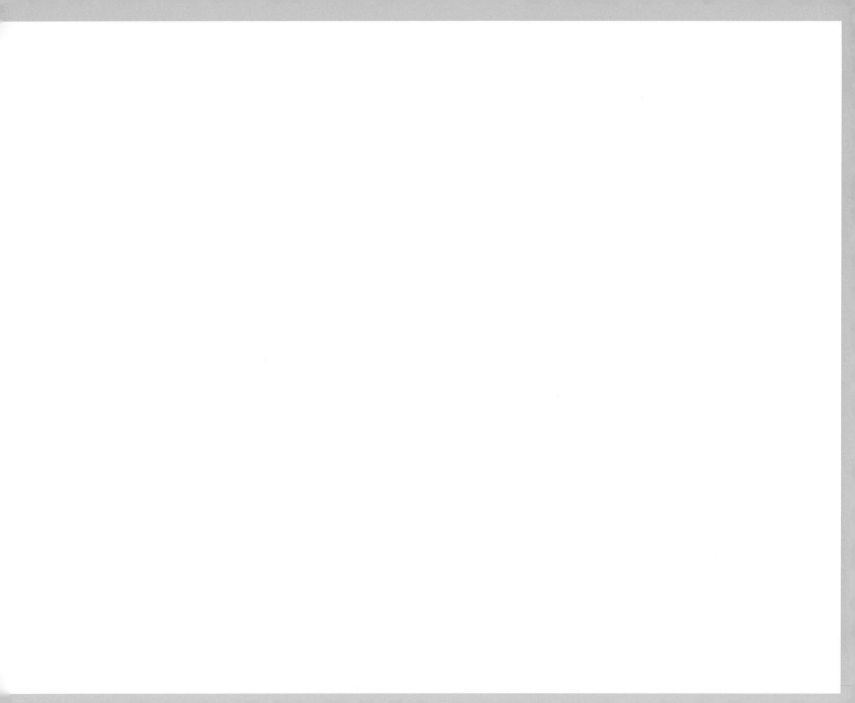

人际关系:
四种交往模式

当我们和团队一起工作的时候,我们不仅是在完成任务,同时也是在管理着自己和同事的关系。我们不断地寻求、结交、维系、修复、调整、评判、领会和断绝这些关系。进化人类学家阿兰·菲斯克(Alan Fiske)天才般地洞见了人类在互动关系中的"语法",明确了四种最基本的交往模式,并将其命名为关系类型。这四种交往模式中的每一种都是在参与者之间建构了一种资源分配方式。

这四种交往模式是:

1. **共享**:"我的就是你的,反之亦然。"人们为归属感所驱动,做决策的时候以达成一致为标准。典型的群体有夫妻、密友或者同盟者。

2. **权力**:"谁在负责?"人们受权力、规则驱动,由权威人士做出决策;一个人身处高位(获得特权),另一个人身在低位(获得保护)。这种关系在层级制的结构中非常典型,例如上级和下级、指挥官和士兵或者教授和学生。

3. **对等回报**:"每个人都一样。"人们为公平、付出和收获等值的观念所驱动,通过投票做出决策(一人一票)。这经常出现在同侪小组中,例如俱乐部、拼车小组和熟人之间,以礼尚往来等为表现形式。

4. **交易**:"每个人都按各自贡献得到应有的回报。"人们为成果所驱动;交换建立在具体要素之上,比如可感知到的实用性、个人的绩效表现、市场价格等。在营利性组织、股票交易市场、买卖双方的关系中相当常见。

菲斯克发现当双方采用同一种模式时,交往就会比较顺利。但是当一方用一种类型,另一方采用另外一种类型时,就会出现错位,交往就会出问题。更为复杂的是,我们在与他人互动时,从来不是只使用一种交往模式。我们会根据背景情况和手中的具体事情,不断地转换模式。因为每一种模式的相处规则是变化的,这样我们面对的挑战就是在模式转换中,大家要保持一致。

A. P. Fiske, "The Four Elementary Forms of Sociality: Framework for a Unified Theory of Social Relations," Psychological Review 99, no. 4 (1992): 689.

S. Pinker, M. A. Nowak, and J. J. Lee, "The Logic of Indirect Speech," Proceedings of the National Academy of Sciences 105, no. 3 (2008): 833–838.

+

你的团队中最主要的交往模式是什么？在什么情况下如此？

理解和对齐交往模式可以帮助我们最大限度地减少无心之失；每个交往模式下，其规则以及人们所期待的行为都会发生改变。

团队期待

交往模式	共享 "我的就是你的，反之亦然。"	权力 "谁在负责？"	对等回报 "每个人都一样。"	交易 "每个人都按各自贡献得到应有的回报。"
在儿童群体中出现的时间	婴儿期	3岁	4岁	9岁
首要动机	归属感 ● 亲密 ● 利他 ● 慷慨 ● 友善 ● 关爱	权力 ● 特权VS保护 ● 地位、认可VS顺从、忠诚	公平 ● 平等对待 ● 严格的公正	成果 ● 效用 ● 收益 ● 利润
举例	夫妻、密友、宗教团体、社会运动、开源社区	上级和下级、指挥官和士兵、教授和学生	室友（为对方办事、轮流付账）、拼车、泛泛之交（礼尚往来、聚餐、生日聚会）	商业世界：买卖双方、交易中利益最大化、获取利润、合同谈判、获得股息
组织形态	社群	层级制组织	同侪小组	基于理性的结构
成员的贡献	每个人根据自己的能力做出贡献	上级指挥和掌控工作	每个人都完成相同的工作	按绩效产出和效率分配工作
决策程序	全体一致	权力链条	投票、抽签	辩论
资源归属	归属于所有人，并且不记账	分配的资源随着层级的提高而增加	分成平等的部分	根据贡献和资本投入进行分配
回报奖励	共享回报，没有个人工资	根据层级和资历进行分配	每人一份，平均分配	根据市场价值和个人表现进行分配

打破交往模式：
不是一个好主意

当我们假设他人和我们采取同样的交往模式，但是事实上并非如此时，我们会产生很强烈的情绪反应。在一种模式中看起来很适宜的行为，在另外一种模式中会被认为非常不恰当。其实每个人都在努力，但是人们还是会不自觉地惹怒彼此，只是因为大家采取了并不相同的交往模式。这会发生各方都会感觉难堪、被冒犯，甚至感觉到不道德的情况。（Pinker，2007）

一致的模式

一对密友
（共享＝共享）

从……的盘子里拿食物

错位的模式

上级
（共享≠权力）

S. Pinker, The Stuff of Thought: Language as a Window
into Human Nature *(Penguin, 2007)*.

一位客户

（交易=交易）

从向……的销售中获取利润

父母

（交易≠共享）

在餐厅里

（交易=交易）

为晚餐付费

在你父母家里

（交易≠共享）

在团队中，错位的交往模式会带来尴尬的情况，会损害关系，甚至可能转变为冲突。

一位经验丰富的专家塔蒂试图指导他人，但是他人则认为每个人都应有平等的发言机会。

（权力≠对等回报）

团队在等待安东尼奥的指示，但是他不认为自己需要担负这个责任，因为他并没有得到相应的酬劳。

（权力≠交易）

苏珊认为安最有能力，决定带她一起拜见客户。其他人则认为这件事应该轮流来。

（交易≠对等回报）

对齐交往模式：
家族企业的关键

在家族企业中，发生冲突的风险非常高。在经营生意的背景下与家族成员合作会使彼此关系呈现一种高度复杂的情况。

在家族企业的系统中，家族成员经常会承担好几个角色（家族成员、所有者、管理者），这意味着不同的价值体系和利益。家族成员承担的角色越多，就越有可能越过每个角色的边界，感受到与家族其他成员在交往模式上的错位。大型家族企业在面对这个挑战时，会设计它自己的家族治理模式，以此澄清期望和明确每一角色的责任。在实际执行中，这些安排通常被写入称作家族宪章的文件中，借助这个文件，家族中的关系得以正式化，尽量减少因交往模式的错位所带来的不必要冲突。

尼娜
萨曼莎的女儿
姐姐、家族企业的管理者

凯文
萨曼莎的儿子
弟弟、学生

鲍勃
萨曼莎的父亲
外公、创始人、退休、所有者

萨曼莎
尼娜和凯文的母亲
CEO和所有者

拟定一个家族宪章需要持续不懈的努力、技能和外部的资源。为了保证家族和睦相处的同时能经营好生意，对于以家族为单元的小型商业组织，比如小商店、餐馆和手工作坊，可以把订立团队契约作为第一步，以便在不同角色间明确基本的游戏规则。

搜索关键词：家族企业、家族治理、家族宪章

因家族成员角色重叠
引发的冲突

鲍勃（共享）**－萨曼莎**（权力）

尽管过去一年生意取得了异乎寻常的发展，关于
萨曼莎应该做什么，鲍勃还是不断地给出长长的
建议。

凯文（共享）**－尼娜**（交易）

凯文想要开公司配给尼娜的车参加聚会，但是他
姐姐没答应，这让他很不爽。

凯文（对等回报）**－萨曼莎**（交易）

当凯文发现她姐姐工作是有报酬的，而自己连零
花钱都不够时，他更加生气了。

尼娜（交易）**－萨曼莎**（权力）

尼娜对于她母亲很生气，因为萨曼莎提拔另外一
个人到她想要的位置上。

三环模型的来源：R. Tagiuri and J. Davis, "Bivalent Attributes of the Family Firm," Family Business Review 9, no. 2 (Summer 1996), p. 200.

4.4
面子和礼貌

面子理论和为对方考虑的两个关键社交需求。

礼貌：
我们的两个关键社交需求

在《语言使用中的一些普遍原则：礼貌现象》（*Politeness: Some Universals in Language Usage*）一书中，人类学家佩内洛普·布朗和斯蒂芬·莱文森提供了一个关于人们相互考虑的独特描写。基于社会学家欧文·戈夫曼关于"面子"和"丢面子"的基本概念，有关礼貌，两位作者发展出一个突破性的理论，他们认为礼貌是一种正向的社会价值，每个人都会宣称自己是礼貌的。

在布朗和莱文森的理论中，人们展现出为对方考虑和举止礼貌的"面子工程"，这意味着彼此主动照顾对方的颜面。这是通过满足普遍共有的两个"社交需求"来实现的（Brown and Levinson，1987）。

- 被重视的社交需求：当他人的行动和行为反映出我们自己的积极形象时，或当我们被感谢、被同理或我们的观点被承认的时候，我们会感到被认可或重视；而当我们被忽视、被否定或者在公众面前感到窘迫时，就感到不被认可或重视。

- 被尊重的社交需求：这是一种保护我们自主行动，而不是被他人强迫或者利诱，即我们私人的领域不被侵犯的需求。在征求我们允许后才会打断时，在被影响之前我们就收到道歉时，或者用先生、女士、博士、教授等敬语称呼我们或用此来展现我们的社会地位时，我们会感到自主或者被尊重。在早上喝咖啡的时候被迫听一些抱怨时，在一些事情强加过来时，或者在受到警告或最后通牒时，我们就不会感到自主或者被尊重。

根据心理学家史蒂芬·平克的研究，我们的社会生活中充满这些（几乎无处不在的）相互冲突的需求：联结和自主、亲密和权力、团结一致和个人地位。如果一个人想为所欲为，那么他被尊重的需求可以得到满足，但是他可能不会被他人重视。期望被重视和尊重构成了我们的社会性基因（Fiske，1992），当这二者受到威胁时，我们会变得非常敏感。在布朗和莱文森看来，展示出相互考虑到彼此，就构成了正确的行动：选择适合的语言和表达方式，降低让彼此丢面子的风险。换句话说，保持礼貌。

搜索关键词：礼貌理论、布朗和莱文森、策略发言人理论、史蒂芬·平克、礼貌

对于那些通过尊重我们的两个社交需求，展现出为我们考虑的人，我们会重视他们。对于不这么做的人，我们是不会重视他们的。其他人亦是如此。

被尊重的社交需求

恭喜!

被重视的社交需求

能请您跟着我走吗?

什么是公平程序?

彼此为对方考虑和尊重是公平的两个关键支柱。公平是一个至关重要的基础,在这个基础上才能让团队成长和实施任何多元化、平等、包容的理念。

在一个团队或者组织中,运行一套公平程序,包括做出决策,可以使每个人被重视和尊重的社交需求得以公平地满足。INSEAD商学院的钱·金(Cham Kim)和勒妮·莫博涅(Renee Mauborgne)指出,落实以下三个高级原则,可以让公平程序得以运行:

1. 参与。
2. 解释。
3. 明确期望。

研究显示当人们相信决策和结果是通过一套公平程序达成的时,他们愿意妥协,甚至牺牲个人的利益。虽然有各种证据,一些管理者在运行公平程序时还是会有些挣扎,因为他们担心自己的权威被挑战,担心自己的权力会被削弱,这说明了他们对于公平程序存在一些误解:公平程序不是全体一致同意或者工作场的民主,它的目的是培养和寻求最好的想法。

公平（决策）程序的三个原则

1

参与

通过邀请大家分享想法并鼓励
相互挑战彼此的想法，在决策
过程中让每个人参与其中。

实现方式：

- 团队对齐画布。
- 团队契约。

2

解释

清晰地说明一个最终决策背后
的思考过程。

实现方式：

- 团队对齐画布。
- 团队契约。

3

明确期望

说明新的团队规则，包括绩效
标准、对于失败的惩罚和新的
责任。

实现方式：

- 团队契约。

资料来源：W. Kim and R. Mauborgne, "Fair Process," Harvard Business Review 75 (1997): 65–75.

模板

可以从网站teamalignment.co/downloads上下载模板。

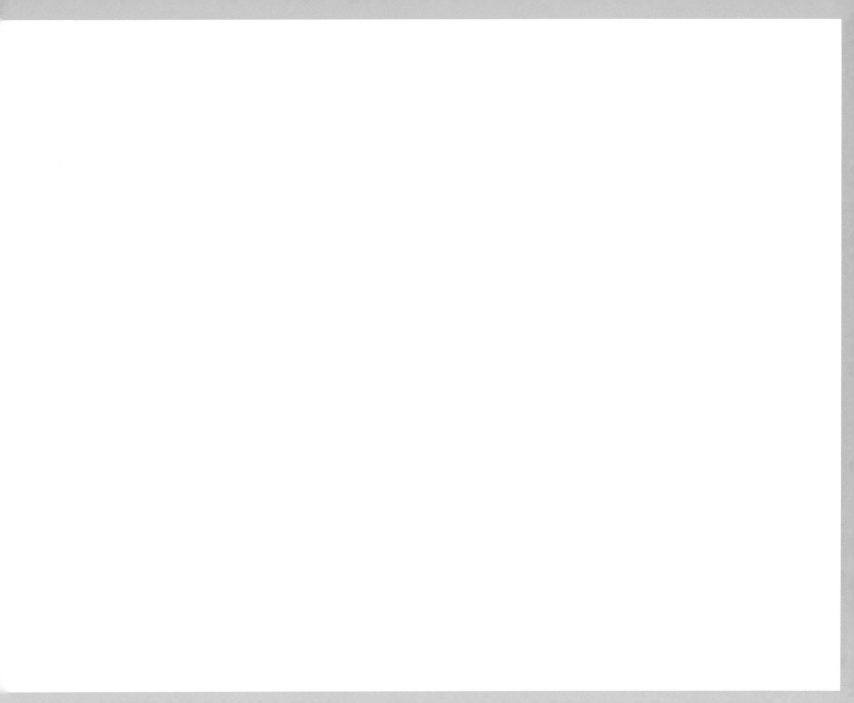

团队对齐画布

任务：

期限：

共同目标 ◉
具体来说，我们准备一起实现什么？

共同承诺 🤝
谁将要做什么？和谁一起？

共同资源 🔋
我们需要什么资源？

共同风险 👁
什么会阻碍我们获得成功？

Strategyzer

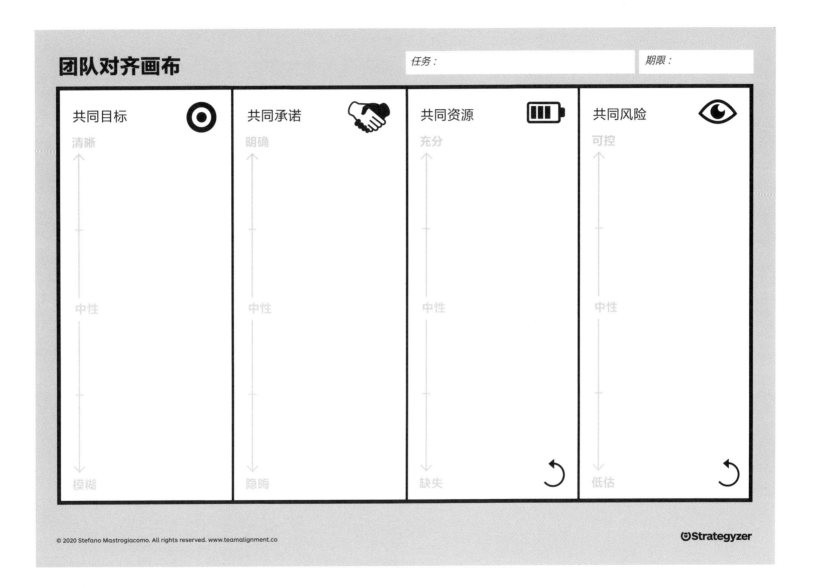

团队对齐画布

任务：

期限：

| 共同目标 | 共同承诺 | 共同资源 | 共同风险 |

清晰

明确

充分

可控

中性

中性

中性

中性

模糊

隐晦

缺失

低估

⊙Strategyzer

团队契约

在我们的团队中，我们期望遵循的规则和行为准则是什么？
作为个人，我们是否有一些工作方式上的偏好？

团队：

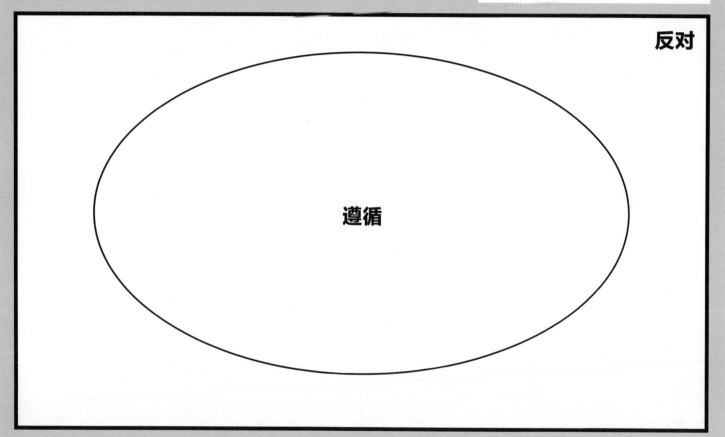

反对

遵循

Strategyzer

事实探究

臆断
有所发挥的阐释、
假设或者预测

听到	询问
"他或她想……"	什么让你意识到/……
"他或她认为……"	你是如何知道……
"他或她不必 / 应该……"	什么证据显示……
"他或她喜欢……"	什么让你如此认为？
"你或他们……将会……"	
"业务 / 生活 / 爱情……将会……"	

限制
虚构出可能收窄了可选项的
限制条件和义务

听到	询问
"我必须……"	如果……可能会发生什么？
"我们不得不……"	什么在阻止你 / 我们？
"我不能……"	
"我不会……"	
"我们不应该……"	

不完整的事实或体验
在描述中缺少细节

听到	询问
"我听说……"	谁？什么？
"他们说……"	什么时候？在哪里？
"她看见……"	如何？多少？
"我感觉……"	你能不能说得更细一点？
	你说的这个是什么意思？

完整的事实

一阶现实
一件事或者一种情况从物理层面
上可观察到的属性

二阶现实
对一阶现实的感知、
个性化解读

以偏概全
将个例变成普遍的情况

听到	询问
"一直"	一直吗？
"从不"	从不吗？
"没人"	没有人吗？
"每个人"	每个人？
"人们"	人们？
	你确定吗？

评判
对一件事、一种情况或者一个人
的主观评价

听到	询问
"我是……"	什么告诉你……
"生活是……"	这是如何体现出来的？
"……是好的 / 不好的"	从什么角度看，这个是不能接受的？
"……是重要的"	你在想些什么？
"什么是简单的 / 困难的"	

ⓢStrategyzer

293

尊重卡片 得体沟通的技巧

被尊重的需求
展现尊重

询问而不是命令
你可以……

表达疑惑
我没想到你想要……

委婉地要求
如果可以……

表明给对方带来了妨碍
我想你一定很忙，但是……

说明苦衷
一般情况下我不会问，但是……

道歉
抱歉打扰你，但是……

说明有负于对方
如果你能……我会很感激。

使用敬称
先生、女士、小姐、教授、博士……

婉转表达
我在找一支笔。

请求原谅
你一定要原谅我，但是……
我能借用一下你的笔吗？

软化要求
我只是想问你，我可以使用你的笔吗？

让多人承担责任
我们忘了告诉你，昨天你们就应该预订自己的飞机票了。

犹豫
嗯，我能……

不针对个人
这里不允许吸烟。

有风险的行为
直接命令
打断
警告对方
禁止
威胁
建议
提醒
忠告

被重视的需求
表达认可

感谢
实在太感谢你了。

祝福
保重，希望你今天过得愉快。

探寻
你还好吗？进展如何？

赞美
汗衫真漂亮。

预感
你一定饿了吧。

建议
多加注意。

昵称
我的朋友、小伙伴、哥们儿、伙伴、亲爱的、亲、兄弟、大伙儿……

征求一致
你知道吗？

关怀他人
你一定饿了。早饭到现在已经很长时间了。吃点午餐可以吗？

避免否定
A: 你不喜欢吃这个？
B: 没有，我喜欢吃。嗯，一般我不吃这个，但是这个很好吃。

假定同意
所以，你准备什么时候来看我们？

婉转表达观点
你真应该想办法更努力一点。

有风险的行为
羞辱
否定
忽视
公开批评
蔑视、取笑
只谈论自己
触及禁忌话题
辱骂、指责、抱怨

Strategyzer

非暴力请求指南

感受　当需求没有得到满足时的负面感受

惧怕、害怕的
忧虑的、疑惧的
非常害怕的
有不祥预感的
惊恐的
不信任的
惴惴不安的
吓呆了的
担心的、害怕的
感觉可疑的
极度害怕的
小心翼翼的
担忧的、发愁的

生气、烦恼的
烦人的
惊诧的、惊愕的
不满的、失望的
不高兴的
极厌烦的、被激怒的
挫败的
不耐烦的
恼火的
被激怒的、恼火的

生气、愤怒的
触怒的、异常愤怒的
非常愤怒、暴怒的
大怒的、极愤怒的
愤慨的、义愤的
极其愤怒的
暴怒、狂怒的
震怒的、愤懑的
憎恨的、气愤的

厌恶、反感的
憎恶的
震惊的、厌恶的
鄙视的
恶心的
不喜欢的
讨厌、仇恨的
蔑视的
敌对的、强烈反对的
厌恨、反感的

困惑的
喜忧参半的
难以捉摸的
不知所措的
茫然的

犹豫的
迷失的、一筹莫展的
困惑不解的
迷茫的
无法理解的、迷惑的
举棋不定的、犹豫
不决的

分离的
疏远的、离间的
冷淡的
淡漠的
厌倦的
冷漠的
超然的、不带感情的
不在乎的
麻木的、迟钝的
不相干的
不感兴趣的
孤寂的、沉默寡言的

忧虑、不安的
焦虑不安的
担忧的
完全困扰的、混乱的
心烦意乱的
紊乱的、心神不定的
忐忑的、惊慌失措的
烦躁不安的
震惊的
吓了一跳、惊吓的
吃惊的
困扰的
动荡不安的
动乱、骚乱的
不舒服的、难受的
尴尬的
靠不住的、不稳的
紧张不安的、失去
信心的
心绪不宁的、不镇
静的
烦恼的、沮丧的

尴尬的
羞愧的
懊恼的
慌张的
负罪的、内疚的
惭愧的、难堪的
局促不安的、不自
然的

紧张的
焦虑的
坏脾气的、易怒的
烦乱的、忧虑的
忧心如焚的
紧张、烦躁不安的
坐立不安的
疲惫而烦躁的
暴躁的
紧张不安、心神不
宁的
心慌的
难以忍受的、压垮的
没有着落、不安的
心力交瘁的

痛苦的
极度痛苦的
痛苦不堪、伤心欲
绝的
失去亲友的
极度震惊、伤痛难
忍的
悲伤的
心碎的
受伤的
孤独的
悲惨的
遗憾的、惋惜的
懊悔的、悔恨的

疲劳的
难以解决、被难倒的
精疲力竭的
精力耗尽的
疲惫不堪的
无精打采的、懒
洋洋的; 昏昏欲
睡的
睡的、倦怠的
困倦的、瞌睡的
累的
疲倦的、疲惫的
累坏了的

伤心的
抑郁的、意志消沉的
垂头丧气的
绝望的
沮丧的、苦恼的
失望的
挫败的、灰心的
心灰意冷的、气馁的
凄苦伶仃的、孤独
凄凉的
悲观的、阴郁的
非常悲伤的
无望的
令人悲哀的
不开心的
悲伤的、可怜的

易于受伤的、脆弱的
虚弱的
提防的
无助的
没把握的、缺乏信
心的
猜疑的
内向的、含羞的
神经过敏的、易被
惹怒的

渴望、向往的
羡慕的
嫉妒的
渴望的
怀旧的
思念的、想念的
伤感的、惆怅的

[填空模板]

当你

_____ 时
观察

我感到

_____
感受

因为我需要

_____
需求

你是否愿意

_____ ?
请求

需求

人际关系
接纳
喜爱、爱慕
欣赏、感激
归属
协作
交流
亲密
社群、共享
友情
慈悲、怜悯
体谅、周到
前后一致、稳定
同理心
包容
亲密、亲昵
爱
相互关系
滋养、扶持
尊重和自尊
安全
安稳、安全
稳定
支持
了解和被了解
看见和被看见
理解
信任
温暖

身体康健
空气
食物
行动 / 运动
休息 / 睡眠
安全
住所
触摸
水

诚实
真诚
正直
临在

玩
乐趣
幽默

安宁
美
交融
舒适
公平
和谐
激发、启发
秩序

自主
选择
自由
独立
空间
自然、率性

意义
觉察
生命礼赞
挑战
清晰
能力
意识
贡献
创造性
发现、探索
效率
效能
成长
希望
学习
悲痛
参与
目的
表达自我
物质刺激
理解

Strategyzer

后　记

参考文献

第1章：展开团队对齐画布

任务和期限

Deci, E. L., and R. M. Ryan. *(1985). Intrinsic Motivation and Self-Determination in Human Behavior*. Plenum Press.
Edmondson, A. C., and J. F. Harvey. 2017. *Extreme Teaming: Lessons in Complex, Cross-Sector Leadership*. Emerald Group Publishing.
Locke, E. A., and G. P. Latham. 1990. *A Theory of Goal Setting & Task Performance*. Prentice-Hall Inc.

共同目标

Clark, H. H. 1996. *Using Language*. Cambridge University Press.
Klein, H. J., M. J. Wesson, J. R. Hollenbeck, and B. J. Alge. 1999. "Goal Commitment and the Goal-Setting Process: Conceptual Clarification and Empirical Synthesis." *Journal of Applied Psychology* 84 (6): 885.
Lewis, D. K. 1969. *Convention: A Philosophical Study*. Harvard University Press.

Locke, E. A., and G. P. Latham. 1990. *A Theory of Goal Setting & Task Performance*. Prentice-Hall.
Schelling, T. C. 1980. *The Strategy of Conflict*. Harvard University Press.

共同承诺

Clark, H. H. 2006. "Social Actions, Social Commitments." In *Roots of Human Sociality: Culture, Cognition and Human Interaction*, edited by Stephen C. Levinson and N. J. Enfield, 126–150. Oxford, UK: Berg Press.
Edmondson, A. C., and J. F. Harvey. 2017. *Extreme Teaming: Lessons in Complex, Cross-Sector Leadership*. Emerald Publishing.
Gilbert, M. 2014. *Joint Commitment: How We Make the Social World*. Oxford University Press.
Schmitt, F. 2004. *Socializing Metaphysics: The Nature of Social Reality*. Rowman & Littlefield.
Tuomela, R., and M. Tuomela. 2003. "Acting as a Group Member and Collective Commitment." *Protosociology* 18: 7–65.

共同资源

Corporate Finance Institute® (CFI). n.d. "What Are the Main Types of Assets"? https://corporatefinanceinstitute.com/resources/knowledge/accounting/types-of-assets/

共同风险

Aven, T. 2010. "On How to Define, Understand and Describe Risk." *Reliability Engineering & System Safety* 95 (6): 623–631.
Cobb, A. T. 2011. *Leading Project Teams: The Basics of Project Management and Team Leadership*. Sage.
Cohen, P. 2011. "An Approach for Wording Risks." http://www.betterprojects.net/2011/09/approach-for-wording-risks.html.
Lonergan, K. 2015. "Example Project Risks – Good and Bad Practice." https://www.pmis-consulting.com/example-project-risks-goodand-bad-practice.
Mar, A. 2015. "130 Project Risks" (List). https://management.simplicable.com/management/new/130-project-risks.

Power, B. 2014. "Writing Good Risk Statements." *ISACA Journal*. https://www.isaca.org/Journal/archives/2014/Volume-3/Pages/Writing-Good-Risk-Statements.aspx#f1.

Project Management Institute. 2013. *A Guide to the Project Management Body of Knowledge* (PMBOK® Guide). 5th ed.

评估模式

Avdiji, H., D. Elikan, S. Missonier, and Y. Pigneur. 2018. "Designing Tools for Collectively Solving Ill-Structured Problems." In *Proceedings of the 51st Hawaii International Conference on System Sciences* (January), 400–409.

Avdiji, H., S. Missonier, and S. Mastrogiacomo. 2015. "How to Manage IS Team Coordination in Real Time." In *Proceedings of the International Conference on Information Systems* (ICIS) 2015, December 2015, 13–16.

Mastrogiacomo, S., S. Missonier, and R. Bonazzi. 2014. "Talk Before It's Too Late: Reconsidering the Role of Conversation in Information Systems Project Management." *Journal of Management Information Systems* 31 (1): 47–78.

第2章：将画布用于实际行动

Corporate Rebels. "The 8 Trends." https://corporate-rebels.com/trends/.

Kaplan, R. S., and D. P. Norton. 2006. *Alignment: Using the Balanced Scorecard to Create Corporate Synergies*. Harvard Business School Press.

Kniberg, H. 2014. "Spotify Engineering Culture Part 1." Spotify Labs. https://labs.spotify.com/2014/03/27/spotifyengineering-culture-part-1/

Kniberg, H. 2014. "Spotify Engineering Culture Part 2." Spotify Labs. https://labs.spotify.com/2014/09/20/spotifyengineering-culture-part-2/

Larman, C., and B. Vodde. 2016. *Large-Scale Scrum: More with LeSS*. Addison-Wesley.

Leffingwell, D. 2018. SAFe 4.5 *Reference Guide: Scaled Agile Framework for Lean Enterprises*. Addison-Wesley.

第3章：在团队成员间建立信任

心理安全

Christian M. S., A. S. Garza, and J. E. Slaughter. 2011. "Work Engagement: A Quantitative Review and Test of Its Relations with Task and Contextual Performance." *Personnel Psychology* 64: 89–136. http://dx.doi.org/10.1111/j.1744-6570.2010.01203.x

Duhigg, C. 2016. "What Google Learned from Its Quest to Build the Perfect Team." *New York Times Magazine*. February 25.

Edmondson, A. 1999. "Psychological Safety and Learning Behavior in Work Teams." *Administrative Science Quarterly* 44: 350–383. http://dx.doi.org/10.2307/2666999

Edmondson, A. C. 2004. "Psychological Safety, Trust, and Learning in Organizations: A Group-Level Lens." In *Trust and Distrust in Organizations: Dilemmas and Approaches*, edited by R. M. Kramer and K. S. Cook, 239–272. Russell Sage Foundation.

Edmondson, A. C. 2018. *The Fearless Organization: Creating Psychological Safety in the Workplace for Learning, Innovation, and Growth*. John Wiley & Sons.

Edmondson, A. C., and J. F. Harvey. 2017. *Extreme Teaming: Lessons in Complex, Cross-Sector Leadership*. Emerald Publishing.

Frazier, M. L., S. Fainshmidt, R. L. Klinger, A. Pezeshkan, and V. Vracheva. 2017. "Psychological Safety: A Meta-Analytic Review and Extension." *Personnel Psychology* 70 (1): 113–165.

Gallo, P. 2018. *The Compass and the Radar: The Art of Building a Rewarding Career While Remaining True to Yourself*. Bloomsbury Business.

Kahn, W. A. 1990. "Psychological Conditions of Personal Engagement and Disengagement at Work." *Academy of Management Journal* 33: 692–724. http://dx.doi.org/10.2307/256287

Mayer, R. C., J. H. Davis, and F. D. Schoorman. 1995. "An Integrative Model of Organizational Trust." *Academy of Management Review* 20: 709–734. http://dx.doi.org/10.5465/AMR.1995.9508080335

Schein, E. H., and W. G. Benni. 1965. *Personal and Organizational Change Through Group Methods: The Laboratory Approach*. John Wiley & Sons.

Spreitzer, G. M. 1995. "Psychological Empowerment in the Workplace: Dimensions, Measurement, and Validation." *Academy of Management Journal* 38: 1442–1465. doi: 10.2037/256865

团队契约

Edmondson, A. C. 2018. *The Fearless Organization: Creating Psychological Safety in the Workplace for Learning, Innovation, and Growth*. John Wiley & Sons.

Fiske, A. P., and P. E. Tetlock. 1997. "Taboo Trade-Offs: Reactions to Transactions That Transgress the Spheres of Justice." *Political Psychology* 18 (2): 255–297.

事实探究

Edmondson, A. C. 2018. *The Fearless Organization: Creating Psychological Safety in the Workplace for Learning, Innovation, and Growth*. John Wiley & Sons.

Kourilsky, F. 2014. *Du désir au plaisir de changer: le coaching du changement*. Dunod.

Watzlawick, P. 1984. *The Invented Reality: Contributions to Constructivism*. W. W. Norton.

Zacharis, P. 2016. *La boussole du langage*. https://www.patrickzacharis.be/la-boussole-du-langage/

尊重卡片

Brown, P., and S. C. Levinson. 1987. *Politeness: Some Universals in Language Usage*. Vol. 4. Cambridge University Press.

Culpeper, J. 2011. "Politeness and Impoliteness." In *Pragmatics of Society*, edited by W. Bublitz, A. H. Jucker, and K. P. Schneider. Vol. 5, 393. Mouton de Gruyter.

Fiske, A. P. 1992. "The Four Elementary Forms of Sociality: Framework for a Unified Theory of Social Relations." *Psychological Review* 99 (4): 689.

Lee, J. J., and S. Pinker. 2010. "Rationales for Indirect Speech: The Theory of the Strategic Speaker." *Psychological Review* 117 (3): 785.

Locher, M. A., and R. J. Watts. 2008. "Relational Work and Impoliteness: Negotiating Norms of Linguistic Behaviour." In *Impoliteness in Language*. Studies on its Interplay with Power in Theory and Practice, edited by D. Bousfield and M. A. Locher, 77-99. Mouton de Gruyter.

Pinker, S. 2007. *The Stuff of Thought: Language as a Window into Human Nature*. Penguin.

Pinker, S., M. A. Nowak, and J. J. Lee. 2008. "The Logic of Indirect Speech." *Proceedings of the National Academy of Sciences* 105 (3): 833–838.

非暴力请求指南

Hess, J. A. 2003. "Maintaining Undesired Relationships." In *Maintaining Relationships Through Communication: Relational, Contextual, and Cultural Variations*, edited by D. J. Canary and M. Dainton, 103–124. Lawrence Erlbaum Associates.

Kahane, A. 2017. *Collaborating with the Enemy: How to Work with People You Don't Agree with or Like or Trust*. Berrett-Koehler Publishers.

Marshall, R., and P. D. Rosenberg. 2003. *Nonviolent Communication: A Language of Life*. PuddleDancer Press.

McCracken, H. 2017. "Satya Nadella Rewrites Microsoft's Code." *Fast Company*. September 18.

第4章：深入学习

共有理解和共同图景

Clark, H. H. 1996. *Using Language*. Cambridge University Press.

Clark, H. H., and S. E. Brennan. 1991. "Grounding in Communication." Perspectives on Socially *Shared Cognition* 13: 127–149.

De Freitas, J., K. Thomas, P. DeScioli, and S. Pinker. 2019. "Common Knowledge, Coordination, and Strategic Mentalizing in Human Social Life." *Proceedings of the National Academy of Sciences* 116 (28): 13751–13758.

Klein, G., P. J. Feltovich, J. M. Bradshaw,

and D. D. Woods. 2005. "Common Ground and Coordination in Joint Activity." In *Organizational Simulation*, edited by W. B. Rouse and K. R. Boff, 139–184. John Wiley & Sons.

Mastrogiacomo, S., S. Missonier, and R. Bonazzi. 2014. "Talk Before It's Too Late: Reconsidering the Role of Conversation in Information Systems Project Management." *Journal of Management Information Systems* 31 (1): 47–78.

"Media Richness Theory." Wikipedia. https://en.wikipedia.org/w/index.php?title=Media_richness_theory&oldid=930255670

信任和心理安全

Edmondson, A. 1999. "Psychological Safety and Learning Behavior in Work Teams." *Administrative Science Quarterly* 44 (2): 350–383.

Edmondson, A. C. 2018. *The Fearless Organization: Creating Psychological Safety in the Workplace for Learning, Innovation, and Growth*. John Wiley & Sons.

Edmondson, A. C. 2004. "Psychological Safety, Trust, and Learning in Organizations: A Group-Level Lens." In *Trust and Distrust in Organizations: Dilemmas and Approaches*, edited by R. M. Kramer and K. S. Cook, 239–272. Russell Sage Foundation.

Edmondson, A. C., and A. W. Woolley, A. W. 2003. "Understanding Outcomes of Organizational Learning Interventions." In *International Handbook on Organizational Learning and Knowledge Management*, edited by M. Easterby-Smith and M. Lyles, 185–211. London: Blackwell.

Tucker, A. L., I. M. Nembhard, and A. C. Edmondson. 2007. "Implementing New Practices: An Empirical Study of Organizational Learning in Hospital Intensive Care Units." *Management Science* 53 (6): 894–907.

面子和礼貌

Brown, P., and S. C. Levinson. 1987. *Politeness: Some Universals in Language Usage*. Vol. 4. Cambridge University Press.

Culpeper, J. 2011. "Politeness and Impoliteness." In *Pragmatics of Society*, edited by W. Bublitz, A. H. Jucker, and K. P. Schneider. Vol. 5, 393. Mouton de Gruyter.

Fiske, A. P. 1992. "The Four Elementary Forms of Sociality: Framework for a Unified Theory of Social Relations." *Psychological Review* 99 (4): 689.

Kim, W., and R. Mauborgne. 1997. "Fair Process." *Harvard Business Review* 75: 65–75.

Lee, J. J., and S. Pinker. 2010. "Rationales for Indirect Speech: The Theory of the Strategic Speaker." *Psychological Review* 117 (3): 785.

Locher, M. A., and R. J. Watts, R. J. 2008. "Relational Work and Impoliteness: Negotiating Norms of Linguistic Behaviour." In *Impoliteness in Language. Studies on its Interplay with Power in Theory and Practice*, edited by D. Bousfield and M. A. Locher, 77–99. Mouton de Gruyter.

Pless, N., and T. Maak. 2004. "Building an Inclusive Diversity Culture: Principles, Processes and Practice." *Journal of Business Ethics* 54 (2): 129–147.

Pinker, S. 2007. *The Stuff of Thought: Language as a Window into Human Nature*. Penguin.

Pinker, S., M. A. Nowak, and J. J. Lee. 2008. "The Logic of Indirect Speech." *Proceedings of the National Academy of Sciences* 105, (3): 833–838.

致 谢

创作团队

主要作者

斯特凡诺·马斯特罗贾科莫
（Stefano Mastrogiacomo）

斯特凡诺是一位管理咨询师、教授和作家。他热衷于人与人之间的协作，他是团队对齐画布、团队契约、事实探究以及本书介绍的其他工具的设计者。20多年来，他一直在国际组织中领导数字化项目并为项目团队提供咨询，同时在瑞士洛桑大学从事教学和研究工作。他的跨学科工作以项目管理、变革管理、心理语言学、进化人类学和设计思维为主。

teamalignment.co

作者

亚历山大·奥斯特瓦德
（Alexander Osterwalder）

亚历山大是一位知名作家、企业家和深受欢迎的演讲嘉宾，他的工作已经改变了成熟公司的经营方式和新公司的创立方式。他在全球前50位管理思想家中排名第4，还获得了Thinkers50战略奖。
他与伊夫·皮尼厄一起发明了商业模式画布、价值主张画布和商业模式组合地图，这些实用工具赢得了数百万名商业实践者的信任。

@AlexOsterwalder
strategyzer.com/blog

创意负责人

阿兰·史密斯
（Alan Smith）

阿兰用他的好奇心和创造力提出问题，并将答案转化为简单、直观、实用的工具。他相信适合的工具让人们有信心去实现高远的目标并创建意义非凡的事业。他与亚历山大·奥斯特瓦德共同创立了Strategyzer公司。在那里，他与一个充满灵感的团队合作，一起打造伟大的产品。Strategyzer公司的书、工具和服务被世界各地的领先企业广为采用。

strategyzer.com

设计负责人

崔西·帕帕达克斯
（Trish Papadakos）

崔西拥有伦敦中央圣马丁艺术与设计学院的设计学硕士学位，并拥有在多伦多的York-Sheridan联合项目的设计学士学位。她曾在她的母校教授设计课程，与屡获殊荣的机构合作。她还创办了几家企业，本书是她与Strategyzer团队第7次合作的成果。

设计师

克里斯·怀特
（Chris White）

克里斯是一位跨领域的设计师，住在多伦多。他与一系列商业出版物合作，为其做设计，他最新的职务是《环球邮报》的助理艺术总监，专注于印刷品和线上故事的呈现设计。

插画师

塞弗琳·阿祖兹
（Severine Assous）

塞弗琳是一名法国插画师，常驻巴黎，主要从事童书、大众出版物和广告的插画绘制工作。她笔下的人物在书中大放异彩。

插画师

伯纳德·格兰杰
（Bernard Granger）

伯纳德是一位插画师、漫画家，也是2009年世界最佳图书设计奖金字符奖的获得者。他创作了本书的封面，以及几幅贯穿全书的关于当代办公室文化的幽默图像。

illustrissimo.fr

Strategyzer应用最先进的科技和教练技术来支持你的业务转型，以及帮助你应对增长的挑战。

进一步了解我们提供的产品与服务，请访问：Strategyzer.com。

创造持续性增长

将你的增长努力系统化与规模化，构建起一种创新文化，并运用Strategyzer的增长组合方法论来拓宽你的创意和项目的管道。

Strategyzer是提供增长和创新服务的全球领导者。

基于成熟的方法论和技术驱动的服务，我们帮助世界各地的公司建立新的增长引擎。

创建规模化的变革

借助Strategyzer学院和在线辅导服务，大规模地打造最领先的商业技能。

Strategyzer最引以为傲的是为客户设计出最简单和最适用的商业工具。我们帮助从业者变得更加以客户为中心，设计出卓越的价值主张，发现更好的商业模式，并对齐团队。